개정판

新 1800 漢字 쓰기교본
교육부 선정 기초한자

김영배 저
- 1800 한자를 기준으로 한 4500여 생활한자어 풀이
- 부수, 획수, 모범필순 색인표 수록
- 상형문자 예시
- 고사성어 풀이

신나라

머 리 말

　국제화 시대! 모든 분야가 열리어 개방되고 있습니다. 세계는 지금 중국의 재화가 채워져 있지 않은 광활한 시장에 눈독을 들이고 있으며 그러한 몸짓 하나라도 결코 간과해서는 안 될 것입니다. 그런데 다른 나라보다는 사상·풍속·지리등이 가까와 앞선다고 말할 것이나 너무 방관하고 있지 않나 불안하기까지 합니다.

　미국인 독일인 등이 지금 북경에 거주하면서 낯설은 중국어를 유학 하고 있다는 것, 하나만 보아도 그들은 경제적인 면을 도모하기 위한 각고의 노력을 경주하고 있음을 여실히 알 수 있습니다. 우리의 현실은 어떠합니까? 그들보다는 어느 면에 견주어도 유리한 입장에서 까다롭다느니 어렵다느니 하여 게을리 하고 있습니다.

　우리도 이러한 현실들을 직시하고 체계있는 漢字學習을 유도할 수 있는 정책이 앞서야 할 것이고 저마다 漢字에 보다 많은 관심과 열의를 가져야 할 것입니다. 이러한 안타까운 마음을 뒤로 하고 우선 漢字學習에 있어 가장 효과적인 방법이 있다면 많이 보고, 많이 써보고, 많이 활용하는 습관이 절대적인 방법이라 말할 수 있습니다. 보는 것은 그 어떤 字를 알기 위한 기본이고 터라고 할 수 있으며, 많이 써보는 것은 학업과는 다른 흥미의 장으로 인식하여 낙서·일기·편지 등에 漢字를 삽입하여 쓰는 습관이 필요하며 활용은 이 전반적인 학습을 버릇처럼 거듭해야 하는 것입니다.

　주의할 점이 있다면 단시일에 많은 양을 습득하려는 성급함은 절대 금물이고 한자 쓰기 연습을 할 때는 초보자일수록 펜대나 연필 등의 촉으로부터 멀리 잡고 크게 쓰는 습관이 한자를 잘 쓸 수 있는 비결이고 한자를 정확히 알아가는 첩경일 수 있을 것입니다.

　아무튼 트인 예견성과 漢字學習에 열의가 있었으면 하는 바램으로 여러분의 학습정진에 있어 커다란 성과와 건투를 빌어마지 않습니다.

編　者　織

教育部選定1800字　調整

■ 이번에 教育部에서 漢字政策의 일환으로 다음 아래와 같이 조정하였음.
　(조정 글자수 - 44자 제외하고 44자 추가함)

○종학교용 한자 - 4자 제외하고 4자 추가함. (고등학교용에서)

제외 한자 (4자)	새로 교체 한자 (4자)
硯, 貳, 壹, 楓	李, 朴, 舌, 革

○고등학교용 한자 - 40자 제외하고 44를 추가 조정함

제외 한자 (40자)	새로 교체 한자 (44자)
憩, 戈, 瓜, 鷗, 閨, 濃, 潭, 桐, 洛, 爛,	乞, 隔, 牽, 繫, 狂, 軌, 糾, 塗, 屯, 騰, 獵,
藍, 朗, 蠻, 矛, 沐, 栢, 汎, 膚, 弗, 酸,	隸, 僚, 侮, 冒, 伴, 覆, 誓, 逝, 攝, 垂, 搜,
森, 盾, 升, 阿, 梧, 刃, 雌, 蠶, 笛, 蹟,	押, 躍, 閱, 擁, 凝, 宰, 殿, 竊, 奏, 珠, 鑄,
滄, 悽, 稚, 琢, 兎, 弦, 灰, 喉, 噫, 熙	震, 滯, 逮, 遞, 秒, 卓, 誕, 把, 偏, 嫌, 衡

漢字의 結構法(글자를 꾸미는 법)

◇ 漢字의 結構는 대체적으로 다음 여덟 가지로 나눌 수 있다.

| 扁변 | 旁방 | 冠관 沓답 | 垂수 | 構구 | 繞요 | 單獨단독 |

扁	작은 扁을 위로 붙여쓴다.	堤	端	唯	時	絹	
	다음과 같은 변은 길게 쓰고, 오른쪽을 가지런히 하며, 몸(旁)에 비해 약간 작게 양보하여 쓴다.	係	防	陳	科	號	
		般	婦	賦	精	諸	
旁	몸(旁)은 변에 닿지 않도록 한다.	飮	服	視	務	敎	
冠	위를 길게 해야 될 머리.	苗	等	옆으로 넓게 해야 될 머리	富	雲	
沓	받침 구실을 하는 글자는 옆으로 넓혀 안정되도록 쓴다.	魚	忠	愛	益	醫	
垂	윗몸을 왼편으로 삐치는 글자는 아랫 부분을 조금 오른쪽으로 내어 쓴다.	原	府	庭	虎	屋	
構	바깥과 안으로 된 글자는 바깥의 품을 넉넉하게 하고 안에 들어가는 부분의 공간을 알맞게 분할하여 주위에 닿지 않도록 쓴다.	圓	國	園	圖	團	
		向	門	問	間	聞	
繞	走 는 먼저 쓰고	起	辶 又 는 나중에 쓰며, 대략 네모가 되도록 쓴다.				進

일 러 두 기

■ 집필법

o 볼펜을 잡을 때 볼펜심 끝으로부터 3cm가량 위로 인지(人指)를 얹고 엄지를 가볍게 둘러대는데 이때 종이바닥면에서 50°~ 60° 정도로 경사지게 잡는 것이 가장 좋은 자세입니다. 단, 손의 크기 또 볼펜의 종류나 폭의 굵기에 따라 개인 차는 있을 수 있습니다.

한자(漢字)에는 해서체(楷書體)·행서체(行書體)·초서체(草書體)가 있고 한글에는 각각 개개의 특유 한글체가 있으나 정자체와 흘림체로 대별하여 설명하자면 각기 그 나름대로 완급(緩急)의 차이가 있으나 해서체나 작은 글씨일수록 각도가 크고 행서·초서·흘림체나 큰 글씨일수록 경사 각도를 낮게하여 50° 이하로 잡습니다. 50°의 각도는 손 끝에 힘이 적게 드는 각도인데, 평소 볼펜이나 플러스펜을 쓸 때 정확히 쓰자면 50°~ 60°의 경사 각도로 볼펜을 잡는 것이 가장 운필하기에 알맞을 자세라고 할 수 있습니다.

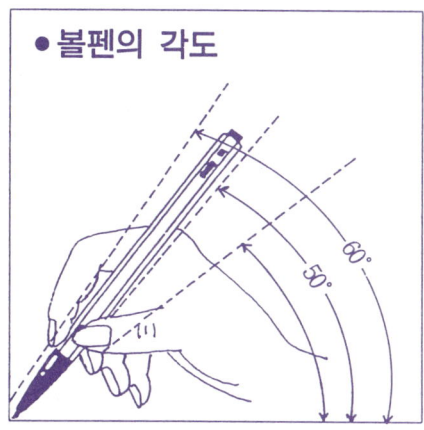

● 볼펜의 각도

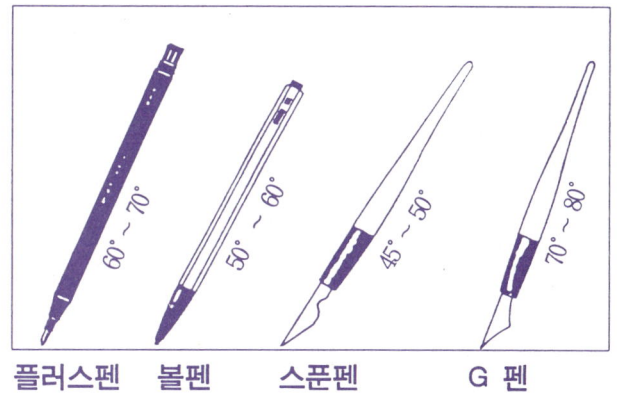

플러스펜 볼펜 스푼펜 G 펜

■ 볼펜과 이외의 용구

o 볼펜이나 플러스펜은 현대에서의 보편적이고 합리적인 필기로써 일반적으로 쓰여지고 있습니다. 이외의 것으로 스푼펜을 비롯하여 차드글씨용의 G펜, 제도용의 활콘펜 등이 있으나 스푼펜은 글씨 연습용으로 가장 적합한 필기구이지만 현실적으로 실용적이라 할 수 없어 볼펜이나 플러스펜으로 연습하려면 지면과의 각도를 크게 그리고 가급적 높게 잡아 쓰는 버릇이 효과를 가져오는데 절대적인 방법일 수 밖에 없습니다.

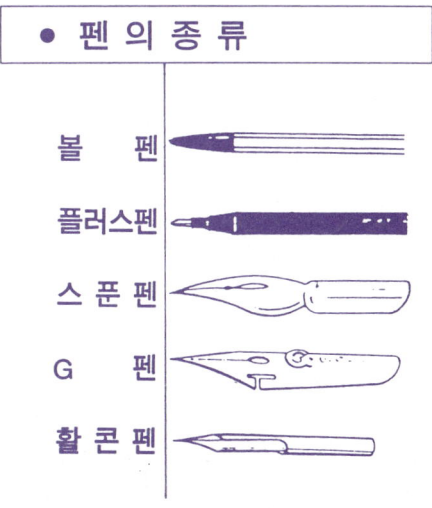

● 펜 의 종 류

볼 펜
플러스펜
스 푼 펜
G 펜
활 콘 펜

한자의 기본 획

◉ 기본이 되는 점과 획을 충분히 연습한 다음 본문의 글자를 쓰십시오.

上	一	一							
工	二	二							
王	三	三							
少	ノ	ノ							
大	ノ	ノ							
女	く	く							
人	丶	丶							
寸	丨	丨							
下	丨	丨							
中	丨	丨							
目	丁	丁							
句	勹	勹							
子	丿	丿							

京	丶	丶							
永	丶丶	丶丶							
小	八	八							
火	丷	丷							
千	丿	丿							
江	氵	氵							
無	灬	灬							
起	走	走							
建	廴	廴							
近	辶	辶							
成	乀	乀							
毛	乚	乚							
室	宀	宀							
風	乁	乁							

한자의 기본 · 획

漢字의 一般的인 筆順

1. 위에서 아래로
위를 먼저 쓰고 아래는 나중에
一 二 三, 一 丁 工

2. 왼쪽서 오른쪽으로
왼쪽을 먼저, 오른쪽을 나중에
丿 丿丨 川, 丿 亻 亻 代 代

3. 밖에서 안으로
둘러싼 밖을 먼저, 안을 나중에
丨 冂 月 日, 丨 冂 冂 用 田

4. 안에서 밖으로
내려긋는 획을 먼저, 삐침을 나중에
亅 小 小, 一 二 亍 示

5. 왼쪽 삐침을 먼저
① 左右에 삐침이 있을 경우
亅 小 小, 一 十 土 耂 耂 赤 赤
② 삐침사이에 세로획이 없는 경우
丿 尸 尸 尺, 亠 亠 六

6. 세로획을 나중에
위에서 아래로 내려긋는 획을 나중에
丨 冂 口 中, 丨 冂 冂 曱 甲

7. 가로 꿰뚫는 획은 나중에
가로획을 나중에 쓰는 경우
く 女 女, 乛 了 子

8. 오른쪽 위의 점은 나중에
오른쪽 위의 점을 맨 나중에 찍음
一 ナ 大 犬, 一 二 〒 テ 式 式

9. 책받침은 맨 나중에
一 厂 厂 斤 斤 近 近
丷 丷 丷 关 关 送 送

10. 가로획을 먼저
가로획과 세로획이 교차하는 경우
一 十 十 古 古, 一 十 士 产 志
一 十 ナ 支, 一 十 土
一 二 キ 才 末, 一 十 艹 뀨 共 共

11. 세로획을 먼저
① 세로획을 먼저 쓰는 경우
丨 冂 巾 由 由, 丨 冂 冂 用 田
② 둘러쌓여 있지 않는 경우는 가로획을 먼저 쓴다.
一 丁 干 王, ヽ 亠 十 キ 主

12. 가로획과 왼쪽 삐침
① 가로획을 먼저 쓰는 경우
一 ナ ナ 左 左, 一 ナ 疒 存 存 在
② 위에서 아래로 삐침을 먼저 쓰는 경우
丿 ナ 才 右 右, 丿 ナ 冇 有 有 有

♣ 여기에서의 漢字 筆順은 外의 것들도 많지만 대개 一般的으로 널리 쓰여지는 것임.

敎育部選定漢字

한자	훈음			필순	가경 : 아름다운 경치.	예시
佳景	아름다울 가 / 빛 경	佳景	佳景	ノイイ仁仕佳佳佳 / 日日早早早景景景		佳約(가약) / 佳作(가작) / 景氣(경기) / 景致(경치)
可能	옳을 가 / 능할 능	可能	可能	一丁 可可可 / ム 午 台 育 育 能 能	가능 : 할 수 있음. 될 수 있음.	可望(가망) / 可否(가부) / 能力(능력) / 能熟(능숙)
街路	거리 가 / 길 로	街路	街路	ノ彳彳彳彳往往街街 / 口甲甲星 趵 趵 路 路	가로 : 시가지의 도로	街道(가도) / 街販(가판) / 路上(노상) / 路線(노선)
假拂	거짓 가 / 떨칠 불	假拂	假拂	ノイイ们们们假假假 / 一 扌 扩 护 拂 拂 拂	가불 : 기일 전에 일부를 지불함.	假飾(가식) / 假裝(가장) / 拂入(불입) / 支拂(지불)
架設	시렁 가 / 베풀 설	架設	架設	フ カ か 加 加 架 架 架 / ` 宀 亠 言 言 言 設 設 設	가설 : 다리 등을 건너질러 설치함.	架橋(가교) / 架線(가선) / 設計(설계) / 設定(설정)
歌謠	노래 가 / 노래 요	歌謠	歌謠	一 可 哥 哥 哥 歌 歌 / ` 宀 言 言 言 諾 謠 謠	가요 : '대중가요'의 준말	歌舞(가무) / 歌唱(가창) / 說得(설득) / 說明(설명)

고사성어

苛斂誅求(가렴주구) 조세 등을 가혹하게 징수받고 물건 등을 무리하게 차출하여 백성을 학대하는 일.

家和萬事成(가화만사성) 가정이 화목하면 모든 도모하고자 하는 일이 순조롭게 성사된다는 말.

刻骨難忘(각골난망) 남에게 받은 은혜가 마음속 깊이 새겨져 잊혀지지 아니함.

10 敎育部選定漢字

필순	한자	훈음	쓰기	쓰기			뜻	단어
フカカ加加　ノ入							가입 : 단체나 조직에 들어감.	
	加入	더할 가 / 들 입	加入	加入				加減(가감) 加工(가공) 入金(입금) 入社(입사)
イ伊價價價價　イイ仁仃値値値値							가치 : 사물이 지닌 값이나 쓸모.	
	價値	값 가 / 값 치	價値	價値				價格(가격) 價額(가액) 價値(가치) 數値(수치)
宀宀宀家家家　言言言言言訓訓							가훈 : 한 집안의 도덕적 가르침.	
	家訓	집 가 / 가르칠 훈	家訓	家訓				家計(가계) 家屋(가옥) 訓戒(훈계) 訓示(훈시)
月月肚肚胠脚脚　丨丨丬丬业光							각광 : 널리 주목을 받음.	
	脚光	다리 각 / 빛 광	脚光	脚光				脚本(각본) 脚色(각색) 光明(광명) 光線(광선)
亠ナ歺亥亥亥刻　艹艹芦蒲蒲薄							각박 : 인정이 매말라 삭막함.	
	刻薄	새길 각 / 엷을 박	刻薄	刻薄				刻苦(각고) 刻銘(각명) 薄待(박대) 薄命(박명)
ノクタ冬各各　一TI丁項項項							각항 : 각 항목. 각 가지.	
	各項	각각 각 / 항목 항	各項	各項				各界(각계) 各自(각자) 問項(문항) 條項(조항)
⺮ ⺮ ⺮ 笌 笌 箭 簡 簡　口口甲甲畁單							간단 : 간략하고 단순함.	
	簡單	간략할 간 / 홑 단	簡單	簡單				簡易(간이) 簡便(간편) 單價(단가) 單位(단위)

상형문자 家 집 가  고대에는 일반 백성을 위한 사당은 없었기 때문에 집에서 돼지(豕)를 잡아서 제사를 지냈는데 그곳이 바로 '家' 이다.

姦淫	간사할 간 / 음란할 음	ㄑ ㄑ 女 女 姦 姦 姦 姦 / 丶 氵 氵 氵 浐 浐 淫 淫 淫	姦 淫	姦 淫		간음 : 부부가 아닌 남녀의 부류의 성관계.	姦通(간통) 姦險(간험) 淫亂(음란) 淫蕩(음탕)
肝腸	간 간 / 창자 장	ノ 几 月 月 肝 肝 肝 / ノ 几 月 肝 肝 肥 腸 腸	肝 腸	肝 腸		간장 : 간과 창자.	肝膽(간담) 肝油(간유) 腸炎(장염) 胃腸(위장)
懇切	정성 간 / 끊을 절	ㄱ ㄹ 氜 氜 貇 懇 懇 / 一 十 切 切	懇 切	懇 切		간절 : 간곡하고 지성스러움.	懇曲(간곡) 懇求(간구) 切斷(절단) 切實(절실)
看護	볼 간 / 보호 호	一 二 三 手 禾 看 看 看 / 亠 言 言 言 謢 護 護	看 護	看 護		간호 : 환자 등을 보살피고 돌보아 줌.	看過(간과) 看守(간수) 辯護(변호) 救護(구호)
監督	살필 감 / 감독할 독	丨 厂 臣 臣 敗 監 監 / 丨 土 尗 尗 叔 督 督	監 督	監 督		감독 : 보살펴 단속함. 또는 그 사람.	監禁(감금) 監視(감시) 督勵(독려) 督促(독촉)
感謝	느낄 감 / 사례할 사	一 厂 厂 斤 咸 咸 感 / 亠 言 言 訁 訲 謝 謝	感 謝	感 謝		감사 : 고맙게 여겨 사의를 표함.	感覺(감각) 鑑賞(감상) 謝絶(사절) 謝罪(사죄)

刻舟求劍(각주구검) 배에서 떨어뜨린 칼을 찾는데, 배의 움직임을 생각하지 않고 칼을 떨어뜨린 뱃전에 표를 하고, 배가 머문 뒤에 그 칼을 찾는다는 데서 온 말로써 판단력이 둔하여 세상일에 어둡고 어리석음을 뜻함.

肝膽相照(간담상조) 간과 담이 서로 비춘다는 말로 서로 마음을 터놓고 진정으로 사귄다는 말.

甘言利說(감언이설) 남의 비위를 맞추어 달콤한 말과 이로운 조건을 내세워 꾀이는 말.

12 教育部選定漢字

一十卄卄甘 ` 亠宁宁言言言				감언 : 달콤한 말.	
甘言	달 감 / 말씀 언	甘言	甘言		甘酒(감주) 甘露(감로) 言辯(언변) 言語(언어)
丨口日日甲 ` 二千千千秆秆种种種種				갑종 : 사물을 분류하는 기준의 으뜸.	
甲種	갑옷 갑 / 종류 종	甲種	甲種		甲蟲(갑충) 甲富(갑부) 種類(종류) 種別(종별)
亠言言詳詳講講講 ` 丷丷丷兴兴学堂堂				강당 : 강의나 의식을 행하는 큰 방.	
講堂	강의 강 / 마루 당	講堂	講堂		講師(강사) 講義(강의) 內堂(내당) 祠堂(사당)
乙幺幺糸紅紅綱綱綱 ノ人人今全領領領				강령 : 일의 으뜸이 되는 큰 줄기.	
綱領	벼리 강 / 거느릴 영	綱領	綱領		綱常(강상) 紀綱(기강) 領收(영수) 領海(영해)
그 弓 弓' 弓'' 强强 ' 弓 弓' 弓'' 弱弱弱				강약 : 강함과 약함. 강자와 약자.	
强弱	강할 강 / 약할 약	强弱	强弱		强力(강력) 强制(강제) 弱少(약소) 弱者(약자)
了阝阝^降降降 一丁币币丙雨雨雨				강우 : 비가 내림. 또는 내린 비.	
降雨	내릴 강 / 비 우	降雨	降雨		降等(강등) 降臨(강림) 暴雨(폭우) 風雨(풍우)
氵氵江江江 氵氵沽沽沽湖湖湖				강호 : 자연. 시골. 세상.	
江湖	강 강 / 호수 호	江湖	江湖		江流(강류) 江山(강산) 湖南(호남) 湖水(호수)

상형문자 監 볼 감 — 원래의 뜻은 '거울'으로 한 사람이 대야 앞에 꿇어 앉아 눈을 크게 뜨고 대야의 물에 자기의 얼굴을 비춰보는 모습이다.

	` ̄ ㄱ ㅏ ㅑ 比 比 皆 皆   ` ` 艹 芒 苷 堇 葟 勤 勤`		개근 : 하루도 빠짐없이 출석함.		
皆勤	모두 개 / 皆 / 부지런할 근 / 勤	皆 勤			皆骨(개골) 皆旣(개기) 勤勞(근로) 勤務(근무)
	` ̄ ㄱ ㄹ ㄹ' 改 改 `` ㅛ 並 羊 盖 盖 善 善`		개선 : 좋게 고침.		
改善	고칠 개 / 改 / 착할 선 / 善	改 善			改良(개량) 改造(개조) 善惡(선악) 善行(선행)
	` ノ 亻 亻 亻' 佀 佀 個 個   ` ` ヽ ノ 忄 忄 忄 忄 性 性`		개성 : 개인의 타고난 특유의 성격.		
個性	낱 개 / 個 / 성품 성 / 性	個 性			個別(개별) 個人(개인) 性格(성격) 性質(성질)
	` ㅣ ㄲ ㄲ 門 門 門 開 開   ` ` ㅡ ㅓ 扌 扩 扩 拓 拓`		개척 : 거친 땅을 일구어 논밭을 만듦.		
開拓	열 개 / 開 / 넓힐 척 / 拓	開 拓			開講(개강) 開發(개발) 拓殖(척식) 拓地(척지)
	` 丶 丿 忄 忄' 忾 慨 慨   ` ` ㅛ 古 声 莫 莫 歎 歎`		개탄 : 분하고 못마땅하여 탄식함.		
慨歎	강개할 개 / 慨 / 한탄할 탄 / 歎	慨 歎			感慨(감개) 憤慨(분개) 歎息(탄식) 恨歎(한탄)
	` 丶 口 口 足 足 距 距   ` ` ㅗ 十 卉 离 离 離 離 離`		거리 : 두 곳 사이의 떨어진 거리.		
距離	떨어질 거 / 距 / 떠날 리 / 離	距 離			距骨(거골) 距陸(거륙) 離別(이별) 離脫(이탈)

甘呑苦吐(감탄고토) 달면 삼키고 쓰면 뱉다는 뜻으로, 사리에 옳고 그름을 가리지 않고, 자기 마음에 맞으면 좋아하고, 맞지 않으면 싫어한다는 뜻.
改過遷善(개과천선) 자기의 결함과 허물을 고치어 착하게 됨.
改世之才(개세지재) 세상을 여유있게 다스릴 만한 뛰어난 재주와 기량.
乾坤一擲(건곤일척) 운명과 흥망성쇠를 걸고 단판으로 승부나 성패를 겨룸.

14 敎育部選定漢字

巨額	클 거 / 이마 액	巨額	巨額	一丆丆巨 / 宀夂灾穷新額額 거액 : 많은 액수의 금액.	巨金(거금) 巨富(거부) 額面(액면) 金額(금액)
拒逆	막을 거 / 거스릴 역	拒逆	拒逆	一 亅 扌 扌 扌 拒 拒 / 丷 屰 屰 屰 芇 逆 거역 : 따르지 아니하고 거스름.	拒否(거부) 拒絶(거절) 逆順(역순) 逆行(역행)
居住	살 거 / 머무를 주	居住	居住	一 コ ユ 尸 尸 居 居 居 / 丿 亻 亻 亻 仁 住 住 거주 : 일정한 곳에 터를 잡고 머물러 삶.	居留(거류) 居室(거실) 住居(주거) 住宅(주택)
健康	굳셀 건 / 편안 강	健康	健康	亻亻亻伫律律健健 / 广广庐庐庚康康 건강 : 몸이 아무 탈없이 튼튼함.	健在(건재) 健全(건전) 康健(강건) 康寧(강녕)
乾燥	하늘 건 / 마를 조	乾燥	乾燥	一十直卓卓乾 / 丶火炒炒燥燥燥 건조 : 습기나 물기가 없어짐.	乾性(건성) 乾魚(건어) 燥濕(조습) 燥熱(조열)
建築	세울 건 / 쌓을 축	建築	建築	一 ユ ヨ 聿 聿 津 建 建 / 〃 〃 竺 竺 笳 笳 筑 築 건축 : 집·성·다리·건물 등을 세움.	建物(건물) 建設(건설) 築城(축성) 築造(축조)
檢索	검사할 검 / 찾을 색	檢索	檢索	一十才木松松检檢 / 一十出声索索索 검색 : 검사하여 찾아 봄.	檢査(검사) 檢討(검토) 索引(색인) 索出(색출)

상형문자 甘 달 감   ᆸ ᆸ ᆸ   글자의 외곽은 원래 입이며, 중간의 짧은 가로획은 입속의 음식물을 나타낸다. 글자의 뜻은 '달다' 이다.

教育部選定漢字 15

儉素	亻 亻' 仒 伫 俭 儉 儉 儉 一 十 丰 圭 표 素 素 素	검소: 사치하지 아니하고 수수함.
儉素 검소 검획소	儉素	儉朴(검박) 儉約(검약) 素朴(소박) 素質(소질)

	冫 氵 沪 泸 浐 浐 激 激 一 厂 严 严 严 厉 厲 勵	격려: 용기나 의욕을 북돋아 줌.
激勵 격동할격 힘쓸려	激勵	激減(격감) 激突(격돌) 督勵(독려) 獎勵(장려)

	一 ナ 大 犬 一 厂 厂 丆 馬 馬 馬 馬	견마: 개와 말. 자기 몸의 겸칭.
犬馬 개견 말마	犬馬	犬豚(견돈) 犬猿(견원) 馬脚(마각) 馬車(마차)

	厂 厂 丆 臣 臣 臤 堅 ' 宀 宀 宀 實 實 實	견실: 튼튼하고 충실함.
堅實 굳을견 열매실	堅實	堅固(견고) 堅持(견지) 實踐(실천) 實現(실현)

	' ' 戶 戶 戶 肩 肩 肩 一 亠 立 产 音 音 章 章	견장: 옷의 어깨에 붙이는 계급장.
肩章 어깨견 글장	肩章	肩骨(견골) 肩部(견부) 文章(문장) 憲章(헌장)

	丨 冂 冃 目 目 見 ' 千 禾 禾 秆 秸 積 積	견적: 어림잡아 계산함.
見積 볼견 쌓을적	見積	見聞(견문) 見習(견습) 積金(적금) 積善(적선)

牽強附會(견강부회) 이론이나 이유 등을 자기 편에 유리하도록 끌어 붙임.
見利思義(견리사의) 눈앞에 이익이 보일 때 의리를 생각함.
犬馬之勞(견마지로) 나라와 군왕에게 충성을 다하는 노력.
犬馬之忠(견마지충) 개나 말처럼 자기의 몸을 아끼지 아니하고 나라에 바치어 헌신하는 자기의 충성.

牽制	끌 견 / 지을 제	牽制	牽制	一十玄玄玄產牽牽 / ノ⺊上午午制制制 견제 : 지나친 세력을 억누름.	牽引(견인) / 牽牛(견우) / 制度(제도) / 制限(제한)
絹織	비단 견 / 짤 직	絹織	絹織	纟幺糸糸紀紀絹絹 / 纟幺糸糸紵緇織織 견직 : '견직물'의 준말.	絹毛(견모) / 缺如(결여) / 人格(인격) / 性格(성격)
缺格	이즈러질 결 / 법식 격	缺格	缺格	ノ⺊⺊午缶缶缸缺 / 一十才木木杦格格 결격 : 자격을 갖추고 있지 아니함.	缺席(결석) / 缺如(결여) / 人格(인격) / 性格(성격)
決裂	정할 결 / 찢을 렬	決裂	決裂	丶冫氵汀江決決 / 一丆歹列列裂裂裂 결렬 : 서로 의견이 맞지 않아 갈라짐.	決算(결산) / 決勝(결승) / 龜裂(균열) / 破裂(파열)
潔白	깨끗할 결 / 흰 백	潔白	潔白	丶冫氵汀洯洯潔潔 / ノ⺊白白白 결백 : 흠이 없이 깨끗함.	純潔(순결) / 淸潔(청결) / 白色(백색) / 白雪(백설)
結婚	맺을 결 / 혼인 혼	結婚	結婚	纟幺糸糸紅結結結 / ⺄⺋女女妒妤婚婚 결혼 : 남녀가 부부관계를 맺음.	結果(결과) / 結論(결론) / 婚需(혼수) / 婚姻(혼인)
兼職	겸할 겸 / 직분 직	兼職	兼職	⺊⺊⺊半兼兼兼 / 丆F耳耳耵聕職職 겸직 : 직분 이외로 또다른 직분을 겸함.	兼備(겸비) / 兼任(겸임) / 職業(직업) / 職場(직장)

상형문자 去 갈 거 𠫓 㐂 㐀 원래의 뜻은 '떠난다'이다. 글자의 윗부분은 사람의 모양이고, 아랫부분은 고대에 사람들이 거주하던 동굴의 입구이다.

教育部選定漢字 17

謙虛	겸손 겸 謙 謙	ˊ ｜ ｜ ｜ ｜ ｜ ｜ 謙謙 ˊ ｜ ｜ ｜ ｜ ｜ ｜ 虛虛		겸허 : 자신을 낮추며 겸손함.	謙遜(겸손)
	빌 허 虛 虛				謙讓(겸양)
					虛費(허비)
					虛弱(허약)
警戒	경계 경 警 警	警警警警警警 一 二 于 开 戒 戒 戒		경계 : 잘못되지 않도록 미리 조심함.	警告(경고)
	경계할 계 戒 戒				警察(경찰)
					戒嚴(계엄)
					戒律(계율)
經過	지날 경 經 經	ˊ ㄠ 糸 糸 糸 經 經 ㅣ 冂 冂 咼 咼 過		경과 : 때의 지나감. 때를 지남.	經歷(경력)
	지날 과 過 過				經理(경리)
					過去(과거)
					過失(과실)
京畿	서울 경 京 京	ˊ 亠 宀 古 古 亨 京 京 ㄠ 糸 終 幾 幾 幾		경기 : 서울을 가까이 한 주위의 땅.	京城(경성)
	경기 기 畿 畿				京仁(경인)
					畿內(기내)
					畿湖(기호)
頃步	잠깐 경 頃 頃	ˊ ㄴ ㄴ ㄸ ㄸ 坧 頃 頃 ˊ ㅏ ㅑ 止 止 步 步		경보 : 반 걸음. 한 걸음의 절반.	頃刻(경각)
	걸을 보 步 步				頃年(경년)
					步兵(보병)
					步哨(보초)
傾斜	기울 경 傾 傾	ˊ ㅣ ㅓ 仁 ㄸ 佰 傾 傾 ˊ ㅅ ㅗ 今 余 余 斜 斜		경사 : 비스듬이 기울어짐.	傾聽(경청)
	기울 사 斜 斜				傾向(경향)
					斜面(사면)
					斜陽(사양)

見蚊拔劍(견문발검) 모기를 보고 칼을 뺀다는 뜻으로 작은 일에 허둥지둥하는 옹졸한 모양.

見物生心(견물생심) 재물을 보고나니 욕심이 더욱 생긴다는 말. 제물을 보게되면 욕심이 생기게 된다는 말.

結草報恩(결초보은) 죽어 혼령이 되어도 은혜를 잊지 않고 갚는다는 말.

謙讓之德(겸양지덕) 겸손함과 사양함의 아름다운 덕성.

教育部選定漢字

慶事	경사 경 / 일 사	广庐庐庐應慶慶慶　一一戸百亘亘亘事	경사 : 치하할 만한 기쁜 일.
			慶宴(경연)
			慶弔(경조)
			事件(사건)
			事務(사무)

硬軟	굳을 경 / 연할 연	一ア石石石石研硬　一ニ丙丙車車車軟軟軟	경연 : 단단함과 부드러움.
			硬直(경직)
			硬化(경화)
			軟弱(연약)
			柔軟(유연)

敬畏	공경 경 / 두려울 외	艹艹苟苟苟敬敬　一口田田田甲畏	경외 : 공경하고 어려워함.
			敬禮(경례)
			敬老(경노)
			畏懼(외구)
			畏愼(외신)

境遇	지경 경 / 만날 우	一土圹垃培培境境　口日月禺禺遇遇	경우 : 부닥친 형편이나 사정.
			境界(경계)
			境地(경지)
			待遇(대우)
			處遇(처우)

競爭	다툴 경 / 다툴 쟁	一十立音音竞競競　ノクタタタ争争	경쟁 : 같은 목적으로 서로 다툼.
			競技(경기)
			競合(경합)
			戰爭(전쟁)
			鬪爭(투쟁)

輕重	가벼울 경 / 무게 중	一戸百車車輕輕輕　一二千千宙重重	경중 : 가벼움과 무거움. 무게.
			輕減(경감)
			輕視(경시)
			重大(중대)
			重要(중요)

庚辰	천간 경 / 별 진	一广庐庐庐唐庚　一厂厂厅尼辰辰	경진 : 육십갑자의 열일곱째.
			庚戌(경술)
			庚午(경오)
			丙辰(병진)
			壬辰(임진)

상형문자　兒 아이 아　𦥑 𦥑 𦥑　어린아이가 앉아 있는 모습으로, 글자의 윗부분은 머리의 뼈가 아직 합해지지 않은 것을 본뜬 것이다.

敎育部選定漢字

				계곡 : 물이 흐르는 골짜기.	
溪谷	시내 계 / 골 곡	溪谷	溪谷		溪流(계류) 溪川(계천) 幽谷(유곡) 峽谷(협곡)
				계기 : 어떤 일의 결정적인 기회.	
契機	맺을 계 / 기계 기	契機	契機		契約(계약) 契員(계원) 機械(기계) 機會(기회)
				계기 : 기계나 기구 따위.	
械器	기계 계 / 그릇 기	械器	械器		械繫(계계) 機械(기계) 器具(기구) 什器(집기)
				계란 : 달걀. 닭이 낳은 알.	
鷄卵	닭 계 / 알 란	鷄卵	鷄卵		鷄冠(계관) 鷄鳴(계명) 卵形(난형) 卵子(난자)
				계루 : 얽매이어 관련됨.	
繫累	맬 계 / 포갤 루	繫累	繫累		繫船(계선) 繫留(계류) 累計(누계) 累積(누적)
				계몽 : 어두운 이에게 밝음을 일깨워 줌.	
啓蒙	열 계 / 어릴 몽	啓蒙	啓蒙		啓導(계도) 啓示(계시) 蒙利(몽리) 蒙恩(몽은)

輕擧妄動(경거망동) 경솔하고 망령된 두서없는 막된 행동.

傾國之色(경국지색) 임금이 혹하여 나라가 뒤집혀도 모를 정도의 미인. 곧 나라 안에 가장 출중한 미인. (비)傾城之美(경성지미).

敬而遠之(경이원지) ① 겉으로는 공경하는 척하나 마음 속으로는 멀리함.
② 존경하기는 하나 가까이하지는 아니함. (준)敬遠(경원).

20 敎育部選定漢字

漢字	훈음			계보 : 혈통 등이 계승되어 온 족보.
系譜	이을 계 / 계보 보	系譜	系譜	系列(계열) 系統(계통) 樂譜(악보) 族譜(족보)
計算	셈할 계 / 셈할 산	計算	計算	計定(계정) 計策(계책) 算定(산정) 算出(산출)
繼續	이을 계 / 이을 속	繼續	繼續	繼母(계모) 繼承(계승) 續出(속출) 續版(속판)
桂樹	계수 계 / 나무 수	桂樹	桂樹	桂冠(계관) 桂秋(계추) 樹立(수립) 樹木(수목)
季誌	철 계 / 기록 지	季誌	季誌	季刊(계간) 季報(계보) 誌面(지면) 誌上(지상)
癸丑	천간 계 / 소 축	癸丑	癸丑	癸卯(계묘) 癸巳(계사) 丑時(축시) 辛丑(신축)
枯渴	마를 고 / 목마를 갈	枯渴	枯渴	枯木(고목) 枯葉(고엽) 渴望(갈망) 渴症(갈증)

계보 : 혈통 등이 계승되어 온 족보.
계산 : 값을 치루거나 셈을 헤아림.
계속 : 끊이지 아니하고 이어지는 것.
계수 : '계수나무' 의 준말.
계지 : 계절마다 출간하는 책.
계축 : 육십갑자의 쉰째.
고갈 : 자원이나 물이 말라서 없어짐.

상형문자 見 볼 견 — 원래의 뜻은 '보다' 로, 한 사람이 눈을 크게 뜨고 앞을 바라보는 모양이다.

顧客	`丶 尸 戶 戶 雇 雇 顧 顧 顧` `丶 宀 宀 少 少 客 客`	고객 : 단골손님. 찾아주는 손님.	顧慮(고려) 顧問(고문) 客觀(객관) 客室(객실)
苦惱	`一 卄 艹 艹 艹 苦 苦` `丨 丨 忄 忄 忄 忄 惱 惱`	고뇌 : 마음이 괴롭고 고통스러움.	苦難(고난) 苦心(고심) 煩惱(번뇌) 心惱(심뇌)
孤獨	`丶 了 孑 孑 孤 孤 孤 孤` `丶 丶 犭 犭 狎 獨 獨 獨`	고독 : 홀로 되어 의지할 곳없는 외로움.	孤立(고립) 孤兒(고아) 獨立(독립) 獨善(독선)
古城	`一 十 古 古 古` `一 十 土 圤 圤 城 城 城`	고성 : 옛 성. 오래되어 옛스런 성.	古今(고금) 古代(고대) 城門(성문) 城壁(성벽)
高低	`丶 亠 亠 亠 高 高 高 高` `丿 亻 亻 亻 伜 低 低`	고저 : 높고 낮음. 높낮이.	高級(고급) 高等(고등) 低價(저가) 低調(저조)
姑從	`丿 ㄨ 女 女 妇 姑 姑 姑` `丶 彳 彳 彳 彳 從 從 從`	고종 : '고종사촌'의 준말.	姑母(고모) 姑婦(고부) 從來(종래) 從業(종업)

經天緯地(경천위지) 온 천하를 경륜하여 다스림.

鷄口牛後(계구우후) 닭의 입과 소의 꼬리라는 말로써, 큰 단체의 말단보다 작은 단체의 수뇌가 되라는 경구.

鷄卵有骨(계란유골) 달걀에도 뼈가 있다는 뜻으로, 공교롭게 일이 방해될 수 있다는 말.

鷄鳴拘盜(계명구도) 천한 재주로 떠돌아 다니는 인생이란 말.

教育部選定漢字

鼓吹	북 고 / 부를 취	鼓吹	鼓吹	十士吉吉吉彭鼓鼓 / ㅣ口口叶吹吹	고취 : 용기나 기운을 북돋워 일으킴.	鼓舞(고무) / 鼓手(고수) / 吹入(취입) / 吹打(취타)
故鄕	연고 고 / 시골 향	故鄕	故鄕	十古古古故故 / 乡乡乡乡绅鄕	고향 : 자기가 태어나 자란 곳.	故意(고의) / 故障(고장) / 鄕友(향우) / 鄕愁(향수)
坤殿	땅 곤 / 대궐 전	坤殿	坤殿	十土圹坷坤 / 尸尸屈殿殿殿	곤전 : 중궁전의 일컬음.	坤位(곤위) / 乾坤(건곤) / 聖殿(성전) / 神殿(신전)
骨肉	뼈 골 / 고기 육	骨肉	骨肉	口甲丹骨骨 / ㅣ口内内肉肉	골육 : 뼈와 살.	骨格(골격) / 骨盤(골반) / 肉食(육식) / 肉體(육체)
攻擊	칠 공 / 칠 격	攻擊	攻擊	一丁工巧攻攻 / 車軎軗軗擊擊	공격 : 적을 나아가 내달아 침.	攻略(공략) / 攻防(공방) / 擊發(격발) / 擊墜(격추)
恐懼	두려울 공 / 두려울 구	恐懼	恐懼	一丁巩巩恐恐 / 忄忄悍悍懼懼	공구 : 심히 두려움.	恐怖(공포) / 恐慌(공황) / 悚懼(송구) / 畏懼(외구)
供給	이바지 공 / 줄 급	供給	供給	亻亻件供供供 / 糹糹紗給給	공급 : 물건·상품 따위를 제공하여 줌.	供養(공양) / 供出(공출) / 給料(급료) / 給與(급여)

상형문자 異 다를 이 — 원래의 뜻은 '기이하다' '괴상하다'의 뜻으로, 몸통은 사람 모양이고, 머리는 귀신 모양이며, 두 손을 위로 치켜들고 있는 괴상한 모습이다.

教育部選定漢字 23

				공대 : 공경스럽게 대접함.	
恭待	恭待	恭待		一艹丗共共恭恭 ′彳彳彳彳待待待	恭敬(공경) 恭遜(공손) 待機(대기) 待遇(대우)

				공맹 : 공자와 맹자.	
孔孟	孔孟	孔孟		了孑孔 了孑孑孟孟孟	孔雀(공작) 孔子(공자) 孟母(맹모) 孟子(맹자)

				공범 : 몇 사람이 공모하여 저지른 범죄.	
共犯	共犯	共犯		一艹丗共共 ′犭犭犯	共同(공동) 共謀(공모) 犯罪(범죄) 犯行(범행)

				공사 : 공적인 일과 사사로운 일.	
公私	公私	公私		′八公公 ′二千禾禾私私	公開(공개) 公正(공정) 私有(사유) 私的(사적)

				공정 : 생산이나 작업이 되어가는 정도.	
工程	工程	工程		一丁工 ′二千禾禾和程程程	工具(공구) 工作(공작) 課程(과정) 日程(일정)

				공항 : 민간 항공기의 비행장.	
空港	空港	空港		′宀宂宂空空空 ′冫冫汁洪洪港	空間(공간) 空白(공백) 港口(항구) 港都(항도)

呱呱之聲(고고지성) 아기가 세상에 태어날 때의 첫 울음소리.
孤軍奮鬪(고군분투) ①수가 적고 후원이 없는 외로운 군대가 힘에 겨운 적과 용감하게 싸움. ②약한 힘으로 남의 도움도 없이 힘에 겨운 일을 해나감.
鼓腹擊壤(고복격양) 배를 두드리고 격양(擊壤-중국 상고 시대의 민간에서 행해지던 유희의 한 가지)을 함. 곧 의식(衣食)이 풍부하여 안락하게 태평 세월을 즐김을 뜻함.

24 敎育部選定漢字

貢獻	바칠 공 / 바칠 헌	貢獻	貢獻		一 丁 丁 于 worms 音 貢 貢 / 一 亠 广 广 唐 虜 獻 獻 공헌 : 공물을 상납하거나 이바지 함. 貢物(공물), 貢納(공납), 獻身(헌신), 獻花(헌화)
寡慾	적을 과 / 욕심 욕	寡慾	寡慾		宀 宀 宁 宵 宣 寡 寡 / 勹 夂 夕 欠 欲 欲 慾 과욕 : 욕심이 지나침. 지나친 욕심. 寡默(과묵), 寡聞(과문), 慾求(욕구), 慾望(욕망)
誇張	자랑할 과 / 베풀 장	誇張	誇張		亠 言 訃 訏 誇 誇 / 弓 弘 張 張 張 과장 : 실지보다 크게 부풀려 나타냄. 誇大(과대), 誇示(과시), 伸張(신장), 主張(주장)
課題	매길 과 / 제목 제	課題	課題		言 訂 記 評 課 課 / 日 旦 早 昇 是 題 題 과제 : 주어진 문제나 임무. 課稅(과세), 課業(과업), 題目(제목), 問題(문제)
關係	빗장 관 / 맬 계	關係	關係		門 門 門 閂 閔 關 關 / 亻 亻 佢 佟 係 係 관계 : 둘 이상의 사물이 연관이 있음. 關聯(관련), 關門(관문), 係員(계원), 係長(계장)
慣例	익숙할 관 / 법식 례	慣例	慣例		忄 忄 忻 忻 慣 慣 / 亻 亻 仍 例 例 例 관례 : 관습이 되어버린 전례. 慣習(관습), 慣行(관행), 例示(예시), 例外(예외)
貫祿	관 관 / 녹 록	貫祿	貫祿		毋 毌 毌 毌 貫 貫 / 示 礻 礻 礻 祿 祿 祿 관록 : 몸에 익숙하게 갖추어진 위엄. 貫徹(관철), 貫通(관통), 祿俸(녹봉), 祿位(녹위)

상형문자 競 다툴 경   𦫶 競 競   고대의 귀족들은 노예들을 싸우게 하고 그것을 즐겼는데, 이 문자는 두 명의 노예가 서로 싸우는 모습이다.

冠詞	갓 관 / 말 사	冠詞	관사: 주로 명사 앞에 놓여 명사를 한정하는 품사.	冠帶(관대) / 金冠(금관) / 動詞(동사) / 品詞(품사)
寬恕	관용 관 / 용서 서	寬恕	관서: 너그럽게 관대히 용서함.	寬大(관대) / 寬容(관용) / 恕諒(서량) / 容恕(용서)
官廳	벼슬 관 / 관청 청	官廳	관청: 법률로 정해진 국가 기관.	官僚(관료) / 官民(관민) / 廳舍(청사) / 廳長(청장)
管絃	대롱 관 / 악기줄 현	管絃	관현: 관악기와 현악기. 악단.	管理(관리) / 管轄(관할) / 絃誦(현송) / 絃樂(현악)
廣域	넓을 광 / 지경 역	廣域	광역: 넓은 구역. 넓은 지역.	廣告(광고) / 廣場(광장) / 區域(구역) / 領域(영역)
掛鐘	걸 괘 / 쇠북 종	掛鐘	괘종: 벽 등에 걸게 된 자명종.	掛鏡(괘경) / 掛念(괘념) / 鐘閣(종각) / 鐘塔(종탑)

高峰峻嶺(고봉준령) 높이 솟은 산봉우리와 험한 산마루.
孤掌難鳴(고장난명) 「외 손뼉이 우랴」하는 뜻으로, 혼자서는 일이 잘 안됨을 비유하는 말.
苦盡甘來(고진감래) 쓴 맛을 다하면 좋은 일이 온다는 뜻으로, 고생 끝에 복이 찾아온다는 말. (반) 興盡悲來(흥진비래).

					괴암 : 모양이 괴상하게 생긴 바위.
怪巖	괴이할 괴 / 바로할 암	怪巖	怪巖		怪力(괴력) / 怪漢(괴한) / 岩壁(암벽) / 岩石(암석)
					교도 : '교도소'의 준말. 형무소
矯導	날랠 교 / 이끌 도	矯導	矯導		矯飾(교식) / 矯正(교정) / 先導(선도) / 指導(지도)
					교량 : 다리의 총칭.
橋梁	다리 교 / 들보 량	橋梁	橋梁		橋脚(교각) / 橋塔(교탑) / 棟梁(동량) / 石梁(석량)
					교묘 : 솜씨나 재치가 묘하고 약삭빠름.
巧妙	기교 교 / 묘할 묘	巧妙	巧妙		機巧(기교) / 精巧(정교) / 妙味(묘미) / 妙案(묘안)
					교섭 : 어떤 일의 성사를 위한 의논.
交涉	바꿀 교 / 건널 섭	交涉	交涉		交流(교류) / 交易(교역) / 涉獵(섭렵) / 涉外(섭외)
					교육 : 인성·지식 등을 가르치고 지도함.
敎育	가르칠 교 / 기를 육	敎育	敎育		敎科(교과) / 敎師(교사) / 育成(육성) / 育英(육영)
					교정 : 학교의 뜰. 학교의 운동장.
校庭	학교 교 / 뜰 정	校庭	校庭		校長(교장) / 校正(교정) / 家庭(가정) / 庭園(정원)

상형문자 系 이을 계

원래의 뜻은 '연결되다'로. 한 손에 두세 묶음의 실을 쥐고 있는 모양이다.

教育部選定漢字 27

					구경 : 조선 시대의 아홉 대신을 이름.
九卿	아홉 구 벼슬 경	九卿			九星(구성) 九族(구족) 卿相(경상) 公卿(공경)
					구니 : 어떤 일이 마음에 거리낌.
拘泥	잡을 구 진흙 니	拘泥			拘禁(구금) 拘束(구속) 泥田(이전) 泥土(이토)
					구릉 : 언덕이나 나즈막한 산.
丘陵	언덕 구 무덤 릉	丘陵			丘木(구목) 丘山(구산) 陵墓(능묘) 陵園(능원)
					구면 : 이전부터 알고 있는 사람.
舊面	옛 구 낯 면	舊面			舊法(구법) 舊式(구식) 面談(면담) 面接(면접)
					구분 : 따로 따로 갈라서 나눔.
區分	지역 구 나눌 분	區分			區別(구별) 區域(구역) 分類(분류) 分析(분석)
					구비 : 입과 코. 입코.
口鼻	입 구 코 비	口鼻			入口(입구) 出口(출구) 鼻骨(비골) 鼻炎(비염)

古 稀 (고희) 두보(杜甫)의 시에서 유래된 말로 나이 일흔 살이 된 때.
骨肉相爭(골육상쟁) 뼈와 살이 서로 맞부딪히어 싸운다는 말로 동족끼리의 싸움을 비유함.
公卿大夫(공경대부) 삼공(三公)과 구경(九卿)등의 벼슬이 높은 사람들.
空前絶後(공전절후) 비교될 만한 사물이 이전에도 없었고 이후에도 없을 만큼 탁월함을 비유한 말.

敎育部選定漢字

十 ナ 木 朴 栟 構 構 構　　丿 厂 厂 成 成 成				구성 : 여러 요소를 얽어서 하나로 됨.

構成
- 얽을 구 / 이룰 성
- 構想(구상)
- 構造(구조)
- 成功(성공)
- 成就(성취)

一 十 才 求 求 求 救 救　　丶 氵 氿 沪 浐 浐 濟 濟
구제 : 불행을 입은 사람을 도와 줌.

救濟
- 구원 구 / 구제할 제
- 救急(구급)
- 救援(구원)
- 經濟(경제)
- 濟民(제민)

艹 艹 艹 艹 艻 苟 苟　　丨 П 月 月 且
구차 : 군색스럽고 구구함.

苟且
- 구차할 구 / 또 차
- 苟生(구생)
- 苟安(구안)
- 且月(차월)
- 且置(차치)

一 二 T 玎 玎 玎 球 球　　丨 П 口 丹 丹 骨 骨 骨 骨 體 體
구체 : 공 모양을 한 둥근 물체.

球體
- 구슬 구 / 몸 체
- 球團(구단)
- 球形(구형)
- 團體(단체)
- 肉體(육체)

厂 ㄇ ㄇ 馬 馬 馬 駒 駆　　一 丁 丂 豕 豕 豖 逐 逐
구축 : 어떤 세력을 몰아서 좇아 냄.

驅逐
- 몰 구 / 쫓을 축
- 驅迫(구박)
- 驅步(구보)
- 角逐(각축)
- 追逐(추축)

丿 亻 亻 亻 但 俱 俱 俱　　一 T 王 王 刊 扪 珥 現 現
구현 : 어떤 사실을 구체적으로 나타냄.

俱現
- 함께 구 / 나타날 현
- 俱全(구전)
- 俱存(구존)
- 現代(현대)
- 現狀(현상)

丨 П 冂 冂 同 國 國 國 國　　丶 宀 宀 宁 宔 害 害 憲 憲
국헌 : 나라의 근본이 되는 헌법.

國憲
- 나라 국 / 법 헌
- 國家(국가)
- 國際(국제)
- 憲法(헌법)
- 改憲(개헌)

상형문자 高 높을 고 髙 髙 高

원래의 뜻은 '높다' 로, 글자의 모양은 높디높은 누각을 나타낸다. 윗부분은 뾰족한 지붕이며, 중간은 성루, 아래는 문이 달린 건물이다.

教育部選定漢字 29

				군도 : 무리를 이루고 있는 많은 섬.	
群島	무리 군 / 섬 도	群島	群島	｀ノヨ尹君君"君"群群 ＇´丫自島島島島	群像(군상) 群衆(군중) 島民(도민) 孤島(고도)
郡民	고을 군 / 백성 민	郡民	郡民	｀ノヨ尹君君郡郡 ＇コア戸民 군민 : 그 군에 사는 주민.	郡首(군수) 郡廳(군청) 民間(민간) 民族(민족)
軍卒	군사 군 / 군사 졸	軍卒	軍卒	＇冖宀冃肙冒軍 ＇亠广汁立卒卒 군졸 : 군대에서 장수위 수하인 병졸.	軍紀(군기) 軍隊(군대) 卒業(졸업) 卒兵(졸병)
屈曲	굽을 굴 / 굽을 곡	屈曲	屈曲	｀コ尸尸屈屈屈 ｀冂由曲曲曲 굴곡 : 상하 좌우로 꺽이고 굽음.	屈服(굴복) 屈辱(굴욕) 懇曲(간곡) 作曲(작곡)
窮塞	궁할 궁 / 변방 색	窮塞	窮塞	＇宀宀宀宄宆窮窮 ＇宀宀宁宔寒塞塞 궁색 : 가세나 사정이 몹시 곤궁함.	窮極(궁극) 窮理(궁리) 塞源(색원) 要塞(요새)
弓矢	활 궁 / 화살 시	弓矢	弓矢	｀コ弓 ＇㇒⺦矢矢 궁시 : 활과 화살.	弓手(궁수) 弓術(궁술) 毒矢(독시) 嚆矢(효시)

誇大妄想(과대망상) 자신의 이익에 부합되게 의식이든 무의식이든 턱없이 과장하여 그것을 믿으려는 망령된 생각.

過猶不及(과유불급) 모든 사물이 정도를 지나침은 도리어 미치지 못한 것과 같다는 말.

巧言令色(교언영색) 남의 환심(歡心)을 사기 위하여 아첨하는 교묘한 말과 보기좋게 꾸미는 얼굴빛.

宮廷	宮: ⼀丶宀宁宁宮宮宮 廷: ⼀ㄈ千壬廷廷	宮廷	宮廷	궁정 임금이 거처하며 정사를 보던 대궐.	宮城(궁성) 宮中(궁중) 法廷(법정) 朝廷(조정)
勸獎	勸: ⼀⺯艹艹芹萑雚勸 獎: ⼀丬北將將獎	勸獎	勸獎	권장 권하며 장려함.	勸告(권고) 勸誘(권유) 獎勵(장려) 推獎(추장)
權座	權: ⼀十木⺂榨榨榨權 座: ⼀广广庐座座座	權座	權座	권좌 권력·통치권을 가진 자리.	權力(권력) 權利(권리) 座談(좌담) 座席(좌석)
拳鬪	拳: ⺍⺌半关券拳 鬪: ⼁⺁⺁⾨鬥鬪鬪	拳鬪	拳鬪	권투 주먹으로 치고 막고 하는 경기.	拳銃(권총) 强拳(강권) 鬪爭(투쟁) 戰鬪(전투)
厥者	厥: ⼀厂厂厂尿屏厥 者: ⼀十土耂者者者	厥者	厥者	궐자 그 사람.	厥女(궐녀) 厥後(궐후) 作者(작자) 著者(저자)
軌道	軌: ⼀ㄈㄕ百亘軋軌 道: ⺍⺌⺷首首道道	軌道	軌道	궤도 일정한 법칙에 따라 운동하는 경로.	軌範(궤범) 軌跡(궤적) 道理(도리) 市道(시도)
龜鑑	龜: ⺈龟龟龜龜龜 鑑: ⼁乍钅鋅鋻鑑鑑	龜鑑	龜鑑	귀감 본받을 만한 모범. 본보기.	龜甲(귀갑) 龜頭(귀두) 鑑賞(감상) 鑑定(감정)

상형문자 共 함께 공 — 두 손으로 네모난 모양의 물건을 받쳐든 모습으로, '바치다' '공동'의 뜻을 나타낸다.

教育部選定漢字

貴賓	귀할 귀 / 손 빈	丶 口 口 虫 虫 虫 虫 貴 貴 / 宀 宀 宀 宇 宇 宯 賓 賓		귀빈 : 귀한 손님. 귀객.	貴中(귀중) / 貴下(귀하) / 賓客(빈객) / 貧富(빈부)
規律	법 규 / 법 률	一 二 Ŧ 夫 夫 却 担 規 / 丿 彳 彳 彳 伊 伊 律 律		규율 : 행위의 기준이 되는 것. 기율.	規格(규격) / 規定(규정) / 律法(율법) / 律令(율령)
糾合	살필 규 / 합할 합	乙 纟 纟 糸 糸 糸 糾 / 丿 入 仒 仒 合 合		규합 : 많은 사람들을 끌어 모음.	糾明(규명) / 糾彈(규탄) / 合格(합격) / 合理(합리)
均衡	고를 균 / 저울 형	一 十 土 均 均 均 / 彳 彳 彳 徣 衛 衛 衛 衡		균형 : 기울거나 치우치지 아니하고 고름.	均等(균등) / 平均(평균) / 銓衡(전형) / 平衡(평형)
克服	이길 극 / 옷 복	一 十 十 古 古 亨 克 / 丿 刀 月 月 刖 服 服		극복 : 어려움이나 곤란을 이겨냄.	克己(극기) / 克明(극명) / 服役(복역) / 服用(복용)
極秘	다할 극 / 숨길 비	一 十 木 木 朽 栖 極 極 / 丶 二 千 禾 利 秘 秘		극비 : 더 없이 중요한 비밀.	極東(극동) / 極甚(극심) / 秘密(비밀) / 秘景(비경)

九曲肝腸(구곡간장) 굽이 굽이 사무친 마음 속.

救國干城(구국간성) 나라를 구하여 지키는 믿음직한 군인이나 인물.

口蜜腹劍(구밀복검) 입 속에는 꿀을 담고 뱃속에는 칼을 지녔다 함이니, 말만은 친한 체 하나 속으로는 해칠 생각을 가지고 있음을 비유한 말.

救死不瞻(구사불첨) 어려운 역경에 심신이 고단한 사람이 또다른 일을 돌볼 틈이 없음을 나타낸 말.

近郊
가까울 근 / 들 교

`ノ ィ ｆ ｆ 沂 沂 近` `＇ ー 六 亠 ゟ 交 交3 郊`

근교 : 도시와 가까운 변두리.

- 近代(근대)
- 近接(근접)
- 郊外(교외)
- 遠郊(원교)

斤量
근 근 / 헤아릴 량

`ノ ｆ ｆ 斤` `、 口 日 旦 무 昌 量 量`

근량 : 저울로 단 무게.

- 斤數(근수)
- 貫斤(관근)
- 度量(도량)
- 數量(수량)

僅少
겨우 근 / 적을 소

`ノ ィ ｆ 俨 俨 僅 僅 僅` `ノ ノ 小 少`

근소 : 아주 적어서 얼마 되지 않음.

- 僅僅(근근)
- 僅存(근존)
- 少年(소년)
- 少女(소녀)

謹慎
삼갈 근 / 삼갈 신

`一 言 言 言 諮 諮 謹 謹` `ー ｆ ｆ ｆ 怖 怖 愼 愼`

근신 : 언행을 삼가하고 조심함.

- 謹告(근고)
- 謹厚(근후)
- 愼言(신언)
- 愼重(신중)

根源
뿌리 근 / 근원 원

`一 十 木 ｆ 杞 杞 根 根` `丶 氵 沪 沪 沪 源 源`

근원 : 어떤 일이 생겨나는 본바탕.

- 根幹(근간)
- 根本(근본)
- 源流(원류)
- 源泉(원천)

金剛
쇠 금 / 굳셀 강

`ノ 人 △ 合 슾 余 金 金` `丨 冂 門 門 岡 岡 剛`

금강 : '금강산'의 준말.

- 金利(금리)
- 金額(금액)
- 剛健(강건)
- 剛直(강직)

今昔
이제 금 / 옛 석

`ノ 人 ∧ 今` `一 十 廿 夶 芒 昔 昔`

금석 : 이제와 예. 지금과 옛날.

- 今年(금년)
- 今番(금번)
- 昔年(석년)
- 昔賢(석현)

상형문자 習 익힐 습

원래의 뜻은 '새가 여러 번 난다'이다. 윗부분이 새의 날개(羽)이고, 아랫부분이 '日'이나 잘못 변하여 '白'이 되었다.

教育部選定漢字 33

禽獸	날짐승 금 / 길짐승 수	禽獸	禽獸	丿 人 人 今 全 金 金 禽 禽　 ㄇ ㅂ ㅉ ㅉ ㅉ 獸 獸	금수 : 날짐승과 길짐승의 총칭.	禽鳥(금조) 夜禽(야금) 獸慾(수욕) 獸醫(수의)
禁煙	금할 금 / 연기 연	禁煙	禁煙	一 † 才 朴 林 林 埜 禁 禁　 丶 火 火 灯 烟 煩 煙 煙	금연 : 담배 피우는 것을 금함.	禁忌(금기) 禁食(금식) 煙氣(연기) 煙草(연초)
錦衣	비단 금 / 옷 의	錦衣	錦衣	丿 人 人 全 金 金' 針 鈩 錦 錦　 丶 亠 亠 产 衣 衣	금의 : 비단으로 만든 옷. 비단옷.	錦營(금영) 錦地(금지) 衣類(의류) 衣裳(의상)
急增	급할 급 / 더할 증	急增	急增	丿 夕 久 刍 争 急 急　一 † 土 圡 圹 坤 増 増	급증 : 갑자기 늘어남.	急求(급구) 急報(급보) 增加(증가) 增員(증원)
肯定	즐길 긍 / 정할 정	肯定	肯定	丨 ├ 止 止 肯 肯 肯　 丶 宀 宀 宁 宇 定 定	긍정 : 그러하다고 인정함.	肯諾(긍낙) 首肯(수긍) 定期(정기) 限定(한정)
豈敢	어찌 기 / 구태여 감	豈敢	豈敢	丨 屮 屮 岀 豈 豈 豈　 ㄱ 工 丆 豆 耳 耵 敢 敢	기감 : 어찌 감히….	豈能(기능) 豈不(기불) 敢鬪(감투) 勇敢(용감)

九死一生(구사일생) 죽을 고비를 넘겨 어렵게 살아남을 뜻함.
口尙乳臭(구상유취) 입에서 아직 젖내가 난다는 뜻으로, 언어와 행동이 매우
　　　　　　　　유치함을 일컬음.
九牛一毛(구우일모) 아홉 마리 소에 한 가닥의 털이란 뜻으로, 썩 많은 가운데
　　　　　　　　극히 적은 것을 비유하는 말.
舊雨之感(구우지감) 옛 친구를 추모하여 기리는 우정을 이르는 말.

34 教育部選定漢字

寄稿	부칠 기	寄					기고 : 원고 따위를 신문사 등에 보냄.
	원고 고	稿					寄附(기부) 寄贈(기증) 原稿(원고) 投稿(투고)

祈求	빌 기	祈					기구 : 바라는 바를 신불에게 빎.
	구할 구	求					祈禱(기도) 祈願(기원) 求人(구인) 求職(구직)

紀念	벼리 기	紀					기념 : 사적을 기리어 전함.
	생각 념	念					紀綱(기강) 紀律(기율) 念頭(염두) 念願(염원)

記錄	기록 기	記					기록 : 어떤 사실을 적음.
	적을 록	錄					記名(기명) 記事(기사) 登錄(등록) 目錄(목록)

騎兵	말탈 기	騎					기병 : 말을 타고 전투에 임하는 군사.
	병사 병	兵					騎馬(기마) 記事(기사) 兵卒(병졸) 兵舍(병사)

技術	재주 기	技					기술 : 어떤 일을 정확히 해내는 솜씨.
	재주 술	術					技能(기능) 技法(기법) 術法(술법) 術策(술책)

飢餓	주릴 기	飢					기아 : 굶주림.
	주릴 아	餓					飢渴(기갈) 飢饉(기근) 餓鬼(아귀) 餓死(아사)

상형문자 光 빛 광

원래의 뜻은 '밝다' '비추다' 로, 꿇어앉아 있는 사람 머리위에 불이 있는 모습이다.

敎育部選定漢字

旣存	이미 기 있을 존	旣存 旣存	` ゛ ゛ 彑 皀 皀ㄟ 旣旣 一 ナ オ 存 存 存`	기존 이미 되어 있음.	旣得(기득) 旣定(기정) 存立(존립) 存在(존재)
基準	터 기 고를 준	基準 基準	`一 十 卄 甘 其 其 其 基 ` ゛ 氵 汀 沣 淮 準 準`	기준 사물의 기본이 되는 표준.	基本(기본) 基因(기인) 準備(준비) 水準(수준)
幾千	몇 기 일천 천	幾千 幾千	`` ` 丝 丝 終 終 幾 幾 一 二 千``	기천 몇 천.	幾微(기미) 幾死(기사) 千里(천리) 千倍(천배)
其他	그 기 다를 타	其他 其他	`一 十 卄 甘 其 其 其 ノ 亻 什 仳 他`	기타 그것 이외의 또 다른 것.	其間(기간) 其中(기중) 他人(타인) 他鄕(타향)
忌避	꺼릴 기 피할 피	忌避 忌避	`フ コ ㄹ 己 忌 忌 , 尸 吕 㕸 辟 避 避`	기피 꺼리어 피함.	忌日(기일) 忌祭(기제) 避暑(피서) 避身(피신)
期限	기약 기 한정한 한	期限 期限	`廿 甘 其 其 其 期 期 期 ` 卩 阝 阝 阝 阴 限 限`	기한 미리 정한 일정한 시기.	期待(기대) 期日(기일) 局限(국한) 限定(한정)

九折羊腸(구절양장) ① 양의 창자처럼 몹시 구불텅한 것을 이르는 말로 일이나 길이 매우 꼬불꼬불하고 험함을 일컬음. ② 세상이 복잡하여 살아가기가 어려움을 비유함.

群鷄一鶴(군계일학) 많은 닭 가운데의 한 마리 학이란 뜻에서 유래한 말로써 많은 인재 중에 가장 뛰어난 인물이란 뜻.

軍令泰山(군령태산) 군대의 명령은 태산같이 무겁다는 말.

36 敎育部選定漢字

己亥	몸 기 / 돼지 해	ㄱㄱ己 丶亠ナ호亥亥		기해 : 육십갑자의 서른 여섯째	自己(자기) / 利己(이기) / 辛亥(신해) / 乙亥(을해)
企劃	꾀할 기 / 그을 획	ノ人𠆢个企企 ㄱㄱㅋ中聿書畫畫劃		기획 : 일이나 사업을 계획함.	企圖(기도) / 企業(기업) / 劃數(획수) / 劃定(획정)
緊密	긴할 긴 / 비밀 밀	「下臣臤取緊緊 丶宀宓宓宓密密		긴밀 : 관계가 서로 밀접함.	緊急(긴급) / 緊迫(긴박) / 秘密(비밀) / 密偵(밀정)
吉凶	길할 길 / 흉할 흉	一十士吉吉 ノㄨ凶凶		길흉 : 길함과 흉함.	吉夢(길몽) / 吉運(길운) / 凶計(흉계) / 凶惡(흉악)
羅唐	그물 라 / 나라 당	冂四罒罘罪羅羅 丶广庐庐唐唐		나당 : 고대의 신라와 당나라.	羅城(나성) / 羅列(나열) / 唐詩(당시) / 唐荒(당황)
那邊	어찌 나 / 변방 변	ㄱㄱㅋ那那 冂白臬臭鼻息邊邊		나변 : 그곳. 어느 곳.	那落(나락) / 那何(나하) / 身邊(신변) / 海邊(해변)
欄干	난간 난 / 방패 간	十木杆欄欄欄欄 一二干		난간 : 층계나 다리의 가장가리 보호대.	空欄(공란) / 懸欄(현란) / 干涉(간섭) / 干拓(간척)

상형문자 具 갖출 구 — 鼎 鼑 員

두 손으로 음식이 담긴 솥을 받들고 있는 모습이다. 본래의 뜻은 '준비하다' '갖추다' '완비하다' 의 뜻으로 쓰인다.

教育部選定漢字 37

暖房	따뜻할 난 / 방 방	暖房	暖房	난방	방을 뜨뜻하게 하는 일.

暖氣(난기) 暖帶(난대) 房門(방문) 房貰(방세)

| 難船 | 어려울 난 / 배 선 | 難船 | 難船 | 난선 | 폭풍우를 만나 위태한 배. |

難關(난관) 難易(난이) 船舶(선박) 船主(선주)

| 濫用 | 넘칠 남 / 쓸 용 | 濫用 | 濫用 | 남용 | 함부로 쓰거나 마구 씀. |

濫發(남발) 氾濫(범람) 使用(사용) 利用(이용)

| 男尊 | 사내 남 / 높을 존 | 男尊 | 男尊 | 남존 | 남자만을 존귀하게 여김. |

男女(남녀) 男妹(남매) 尊敬(존경) 尊嚴(존엄)

| 南韓 | 남녘 남 / 나라 한 | 南韓 | 南韓 | 남한 | 삼팔선 이남의 땅, 한국. |

南部(남부) 南風(남풍) 韓國(한국) 韓中(한중)

| 郎君 | 사내 랑 / 임금 군 | 郎君 | 郎君 | 낭군 | 아내가 애교로 남편을 이르는 말. |

郎徒(낭도) 新郎(신랑) 君子(군자) 夫君(부군)

群雄割據(군웅할거) 많은 영웅들이 각지에 자리잡고 서로 세력을 다툼.
窮餘之策(궁여지책) 매우 궁박하고 어려운 가운데 유일하게 한 방책으로 짜낸 꾀.
權謀術數(권모술수) 그때 그때의 형편에 따라 변통성 있게 둘러 맞추는 모략이나 수단.
勸善懲惡(권선징악) 착한 행실을 권장하고 나쁜 행위를 징계함.

38 敎育部選定漢字

漢字	훈음	필순	단어
娘子	각시 낭 / 아들 자	ㄑㄨ女女女妒娘娘娘 / ㄱㄱ了子	낭자 : 성숙한 미혼 여성. 처녀. 嬌娘(교낭) 愛娘(애낭) 子女(자녀) 子息(자식)
內幕	안 내 / 장막 막	ㅣㄇ内内 / ⺿⺿苎苎莫幕幕	내막 : 내부의 사정. 일의 속내. 內陸(내륙) 內部(내부) 幕舍(막사) 幕後(막후)
乃至	이에 내 / 이를 지	ノ乃 / 一エ云至至至	내지 : 얼마에서 얼마까지. 또는. 乃父(내부) 乃祖(내조) 至極(지극) 至誠(지성)
奈何	어찌 내 / 어찌 하	一ナ大太杢奈奈 / ノイ亻仁何何何	내하 : 어찌함. 奈落(나락) 可奈(가내) 何等(하등) 誰何(수하)
冷凍	찰 냉 / 얼 동	⺀冫冫冷冷冷 / ⺀冫冫冫⺀冱凍凍凍	냉동 : 고기·어물 등을 인공으로 얼림. 冷却(냉각) 冷談(냉담) 凍結(동결) 凍傷(동상)
努力	힘쓸 노 / 힘 력	ㄑㄨ女女奴奴努努 / フ力	노력 : 애를 쓰고 힘을 씀. 努目(노목) 努肉(노육) 勞力(노력) 實力(실력)
奴婢	종 노 / 계집종 비	ㄑㄨ女奴奴 / ㄑㄨ女奴奴奵婢婢婢	노비 : 사내종과 계집종의 총칭. 奴僕(노복) 奴隸(노예) 婢女(비녀) 婢僕(비복)

상형문자 衆 무리 중

원래의 뜻은 '많은 사람' '군중' '모두' 등이다. 태양(日) 아래 세 사람이 있는 모습인데, 日이 변하여 血 이 되었다.

	一十土少耂老 ˊ ハ公今分翁翁		노옹 : 나이가 많은 남자.		老練(노련)
老翁	늙을 로 / 노인 옹	老翁	老翁		老少(노소)
					翁姑(옹고)
					翁壻(옹서)
	⺍⺌⺍⺍⺍炏炋労勞 ˊ ㄠ ㄠ 糸 糺 細 組 組		노조 : '노동조합'의 준말.		勞苦(노고)
勞組	수고할 로 / 조직 조	勞組	勞組		勞動(노동)
					組織(조직)
					組合(조합)
	ˋ 广 庐 庐 庐 庐 鹿 鹿 ˊ ˊ 广 角 角 角		녹각 : 약용으로 쓰이는 사슴뿔.		鹿苑(녹원)
鹿角	사슴 록 / 뿔 각	鹿角	鹿角		鹿茸(녹용)
					角度(각도)
					角逐(각축)
	ㄠ 糸 糸' 絆 絆 綠 綠 ˊ 艹 艹 艾 苓 茶 茶		녹차 : 푸른빛이 나는 말린 찻잎.		綠末(녹말)
綠茶	초록빛 록 / 차 차	綠茶	綠茶		錄樹(녹수)
					葉茶(엽차)
					紅茶(홍차)
	冂 曲 曲 曲 芦 農 農 農 三 丰 丰 耒 耒' 耒丨 耕		농경 : 논밭을 갈아 농사를 지음.		農業(농업)
農耕	농사 농 / 밭갈 경	農耕	農耕		農場(농장)
					耕具(경구)
					耕作(경작)
	ˊ 月 月 肶 胼 腦 腦 腦 ˋ 广 古 审 审 申 审 裏 裏		뇌리 : 생각하는 머릿속.		頭腦(두뇌)
腦裏	머릿골 뇌 / 속 리	腦裏	腦裏		洗腦(세뇌)
					裏面(이면)
					裏書(이서)

捲土重來(권토중래) 한 번 실패하였다가 세력을 회복하여 다시 쳐들어옴.
歸鑑 (귀 감) 행위의 기준이 되는 것. 사물의 거울·본보기가 될 만한 것.
克伐怨欲(극벌원욕) 네 가지의 악덕을 말함인데, 극(克)은 남을 이기기를 즐기고, 벌(伐)은 자기의 재능을 자랑하고, 원(怨)은 원한을 품게 되는것이고, 욕(欲)은 모든것을 탐내는 악덕을 이르는 말.

40 敎育部選定漢字

雷聲	천둥 뢰 / 소리 성	一厂币币雨雨雪雪雷 / 士声声殸殸聲聲	뇌성 : 천둥치는 소리.	雷同(뇌동) / 雷雨(뇌우) / 聲明(성명) / 聲樂(성악)
樓閣	다락 루 / 누각 각	一十才木杪棹樓樓 / ㅣ卩門門門閁閣閣	누각 : 사방이 트이게 지은 다락집.	樓館(누관) / 樓下(누하) / 閣僚(각료) / 閣下(각하)
漏電	샐 루 / 번개 전	氵氵沪沪漏漏漏 / 一币币雨雨雷電電	누전 : 전기가 새어 나감.	漏落(누락) / 漏水(누수) / 電氣(전기) / 電話(전화)
屢次	자주 루 / 버금 차	丶尸尸居居屢屢 / 丶冫冫冫次次	누차 : 여러 차례. 때때로.	屢代(누대) / 屢世(누세) / 次例(차례) / 次元(차원)
多彩	많을 다 / 무늬 채	丶夕夕多多 / 丶丷쓰平采彩彩彩	다채 : 다양하고 화려함.	多感(다감) / 多情(다정) / 彩色(채색) / 光彩(광채)
段階	층계 단 / 섬돌 계	丶丆丂耳耳尹殳段 / 乛阝阝阝阶階階	단계 : 일이 되어 나아가는 과정.	段落(단락) / 手段(수단) / 階級(계급) / 階層(계층)
團束	둥글 단 / 묶을 속	冂冂冃冃團團團團 / 一厂戸百束束	단속 : 규칙 따위를 어기지 않게 통제함.	團結(단결) / 團體(단체) / 拘束(구속) / 約束(약속)

상형문자 宮 궁궐 궁

두 개의 서로 연결된 네모의 모양으로 궁실의 건축물을 표시하였는데, 여기에 가옥의 의미를 갖는 '宀'가 첨가되었다.

| 丿 几 月 丹 　 丷 ソ 爿 米 米 米 粧 粧 | 단장 : 얼굴·머리 등을 곱게 꾸밈. |

| 丹粧 | 붉을 단 / 단장 장 | 丹 粧 | 丹 粧 | | | 丹色(단색)
 丹心(단심)
 粧刀(장도)
 化粧(화장) |

| 丿 イ 亻 但 但 但 但 　 丨 口 口 只 | 단지 : 다만. 겨우. 오직. |

| 但只 | 다만 단 / 다만 지 | 但 只 | 但 只 | | | 但書(단서)
 但見(단견)
 只今(지금)
 只得(지득) |

| 丶 口 ⺊ 呈 趵 趵 踏 踏 　 亠 亣 育 育 育 龍 龔 襲 | 답습 : 선인의 행적을 따라 행함. |

| 踏襲 | 밟을 답 / 엄습할 습 | 踏 襲 | 踏 襲 | | | 踏步(답보)
 踏査(답사)
 攻襲(공습)
 急襲(급습) |

| 丷 丬 米 米 米 糖 糖 糖 　 丶 亠 广 产 户 庐 度 度 | 당도 : 당분의 양을 백분율로 나타낸 것. |

| 糖度 | 사탕 당 / 법도 도 | 糖 度 | 糖 度 | | | 糖米(당미)
 糖分(당분)
 速度(속도)
 制度(제도) |

| 一 ナ 大 　 木 木 朾 柑 柑 桃 榔 概 概 | 대개 : 대채적인 사연이나 줄거리. |

| 大概 | 큰 대 / 대개 개 | 大 概 | 大 概 | | | 大綱(대강)
 大量(대량)
 概念(개념)
 概要(개요) |

| 丿 亻 代 代 代 貸 貸 貸 　 丿 亻 亻 付 付 | 대부 : 기한을 정하고 돈을 빌려 줌. |

| 貸付 | 빌릴 대 / 줄 부 | 貸 付 | 貸 付 | | | 貸金(대금)
 貸出(대출)
 交付(교부)
 納付(납부) |

金科玉條(금과옥조) 아주 귀중한 법칙이나 규범.

錦上添花(금상첨화) 비단위에 꽃을 더한다는 말로서 곧, 좋고 아름다운 것에 좋은 것을 더함을 비유한 말. (반)雪上加霜(설상가상)

今昔之感(금석지감) 오늘과 어제, 또는 요즈음과 옛날을 비교하여 받는 시차적 인 느낌을 이르는 말.

金石之交(금석지교) 쇠나 돌이 같이 굳게 사귐을 뜻함.

敎育部選定漢字

對照	對 / 照		대조 둘 이상의 것을 맞대어 봄.	對立(대립) / 對象(대상) / 照明(조명) / 參照(참조)
代替	代 / 替		대체 다른 것으로 바꿈.	代金(대금) / 代理(대리) / 替當(체당) / 代替(대체)
桃李	桃 / 李		도리 복숭아와 오얏.	桃色(도색) / 桃花(도화) / 李氏(이씨) / 李花(이화)
圖謀	圖 / 謀		도모 어떤 일에 대책을 세움.	圖面(도면) / 圖案(도안) / 謀略(모략) / 謀免(모면)
徒輩	徒 / 輩		도배 어울려 같은 짓을 하는 무리.	徒步(도보) / 徒食(도식) / 輩出(배출) / 先輩(선배)
塗色	塗 / 色		도색 겉에 바르는 색상.	塗料(도료) / 塗裝(도장) / 色相(색상) / 色彩(색채)
跳躍	跳 / 躍		도약 뛰어 오름.	跳梁(도량) / 跳襲(도습) / 躍動(약동) / 躍進(약진)

상형문자 龜 거북 귀  거북을 옆에서 본 모양으로 전형적인 상형문자이다.

敎育部選定漢字

陶藝 그릇 도 재주 예	ㄱ ㅏ ㅑ ㅑ 阡 陶 陶 陶 　 ㆍ ㅛ ㅛ ㅛ 莽 蓺 蓺 藝	陶藝	陶藝	도예 : 도자기에 관한 미술·공예.	陶器(도기) 陶醉(도취) 藝術(예술) 演藝(연예)
都邑 도읍 도 고을 읍	一 ㅗ 土 耂 者 者 都 都 　 ᅵ 口 口 甲 吊 邑	都邑	都邑	도읍 : 한 나라의 수도인 서울.	都賣(도매) 都市(도시) 邑面(읍면) 邑長(읍장)
挑戰 돋울 도 싸움 전	一 ㅗ ㅕ 打 扎 挑 挑 挑 　 ㅇ ㅁ 맏 甲 單 單 戰 戰	挑戰	挑戰	도전 : 싸움을 걸거나 전쟁을 도발함.	挑發(도발) 挑出(도출) 戰略(전략) 戰爭(전쟁)
逃走 달아날 도 달아날 주	ㅣ ㅗ 兆 北 兆 兆 逃 逃 　 一 ㅗ 土 キ 丰 未 走	逃走	逃走	도주 : 피하거나 쫓겨 달아남.	逃亡(도망) 逃避(도피) 走破(주파) 走行(주행)
毒蛇 독할 독 뱀 사	一 ㅗ ㅛ 丰 耒 毒 毒 毒 　 ㆍ 口 虫 虫 虫 虹 蚢 蛇	毒蛇	毒蛇	독사 : 독이 있는 뱀.	毒物(독물) 毒殺(독살) 蛇尾(사미) 蛇足(사족)
敦篤 돈독 돈 두터울 독	一 古 亨 亨 亨 亨 敦 敦 　 ᅩ ᅩ ᅩ ᄊ ᄊ ᄊ 笁 笁 篤 篤	敦篤	敦篤	돈독 : 인정이 두터움.	敦睦(돈목) 敦厚(돈후) 篤實(독실) 篤志(독지)

 고사성어

金城鐵壁(금성철벽) 방비가 매우 삼엄하고 철벽처럼 매우 견고한 성을 이르는 말.

琴瑟之樂(금슬지락) 부부 사이의 희락하고 다정함을 비유하는 말.

錦衣玉食(금의옥식) 고급스럽고 아름다운 옷과 옥과 같이 진귀한 음식 따위로 일상을 호화롭게 삶을 비유한 말.

錦衣還鄕(금의환향) 타지에서 성공하여 자기 공향으로 돌아감.

44 敎育部選定漢字

同僚	丨冂冂同同同 / 亻伏伏伖俆俆僚			동료: 같은 직장에서 일하는 사람.	同等(동등) 同胞(동포) 閣僚(각료) 官僚(관료)
洞里	丶氵氵汩汩洞洞洞 / 丨冂日日甲里里			동리: ① 마을. ② 동과 리.	洞內(동내) 洞長(동장) 里長(이장) 里程(이정)
銅賞	人今全金釘銅銅銅 / 冖 尚 尚 尚 賞 賞			동상: 금상·은상, 다음의 세번째 상.	銅賞(동상) 銅線(동선) 賞金(상금) 賞品(상품)
頭髮	一 豆 豆 豆 頭 頭 頭 / 厂 F 長 髟 髮 髮 髮			두발: 주로 사람의 머리털을 일컬음.	頭腦(두뇌) 頭緖(두서) 怒髮(노발) 理髮(이발)
豆乳	一 口 口 戸 豆 豆 / 一 乙 孚 乳			두유: 콩에서 추출한 우유 같은 액체.	豆肥(두비) 豆油(두유) 乳頭(유두) 乳房(유방)
屯營	一 口 中 屯 / 火 炏 炏 煢 營 營			둔영: 군사가 주둔하는 곳.	屯田(둔전) 駐屯(주둔) 營利(영리) 營業(영업)
登場	丿 癶 癶 癶 登 登 登 / 一 十 圫 圫 坦 場 場			등장: 무대·연단 등에 나타남.	登校(등교) 登錄(등록) 場面(장면) 場所(장소)

상형문자 少 적을 소

네 개의 작은 섬을 나타낸 모습이다. '많지 않다' 라는 의미로 쓰인다.

教育部選定漢字   45

	늦을 만	晚	晚					만도 : 늦벼. 늦게 심는 벼.	晚成(만성)
晚稻	벼 도	稻	稻						晚鐘(만종)
									稻米(도미)
									稻蟲(도충)
	찰 만	滿	滿					만삭 : 아이를 낳을 달이 참.	晚期(만기)
滿朔	초하루 삭	朔	朔						滿員(만원)
									朔月(삭월)
									朔風(삭풍)
	일만 만	萬	萬					만약 : 어떤 일이 있는 경우.	萬能(만능)
萬若	같을 약	若	若						萬物(만물)
									若干(약간)
									若朽(약후)
	산만 만	漫	漫					만화 : 어떤 줄거리가 있는 그림책.	漫然(만연)
漫畫	그림 화	畫	畫						漫評(만평)
									畫家(화가)
									畫房(화방)
	끝 말	末	末					말엽 : 시대를 3등분한 끝부분.	結末(결말)
末葉	잎 엽	葉	葉						月末(월말)
									葉書(엽서)
									落葉(낙엽)
	잊을 망	忘	忘					망각 : 어떤 사실이나 기억을 잊어버림.	忘年(망년)
忘却	물리칠 각	却	却						忘恩(망은)
									賣却(매각)
									燒却(소각)

金枝玉葉(금지옥엽) ① 임금의 집안과 자손. ② 귀엽고 귀한 자손.
奇巖怪石(기암괴석) 기이하고 괴상한 바위와 돌을 이르는 말.
杞　　憂(기　우) 쓸데없는 근심이나 걱정을 이르는 말.
騎虎之勢(기호지세) 범을 타고 가다가 도중에서 내리게 되면 도리어 그 범에 물릴 것이니 내리지도 못하는 처지를 이르는 말로 중도에서 그만 둘 수 없는 형세를 비유한 말.

46 敎育部選定漢字

妄靈	망령될 망 / 신령 령	漫 靈	漫 靈	망령 : 늙거나 정신이 혼미한 상태.	妄動(망동) 妄言(망언) 靈物(영물) 靈魂(영혼)
茫然	망망할 망 / 그럴 연	茫 然	茫 然	망연 : 넓고 멀어서 아득한 모양.	茫漠(망막) 茫洋(망양) 自然(자연) 天然(천연)
罔測	없을 망 / 측량할 측	罔 測	罔 測	망측 : 상리에 어긋나 헤아리지 못함.	罔極(망극) 欺罔(기망) 測量(측량) 測定(측정)
媒介	중매 매 / 낄 개	媒 介	媒 介	매개 : 사이에서 서로 관계를 맺어줌.	仲媒(중매) 觸媒(촉매) 紹介(소개) 仲介(중개)
每年	매양 매 / 매 해 년	每 年	每 年	매년 : 해마다. 매해.	每事(매사) 每月(매월) 年末(연말) 年初(연초)
梅蘭	매화 매 / 난초 란	梅 蘭	梅 蘭	매란 : 매화와 난초.	梅香(매향) 梅花(매화) 蘭竹(난죽) 蘭草(난초)
賣買	팔 매 / 살 매	賣 買	賣 買	매매 : 물건 등을 팔고 삼.	賣物(매물) 賣店(매점) 買入(매입) 購買(구매)

상형문자 棄 버릴 기 — 원래의 뜻으로 '버리다' 이다. 두 손으로 키에 들어 있는 갓난아이를 버리는 모습을 나타낸다.

埋藏	문을 매 / 감출 장	埋藏	埋藏	一十土圹坦坦埋埋　丬艹萨藏藏藏	매장 : 광물 따위가 땅에 묻혀 있음.
					埋立(매립)
					埋伏(매복)
					埋藏(매장)
					貯藏(저장)

猛烈	사나울 맹 / 매울 열	猛烈	猛烈	丿犭犭狞猛猛猛　一厂歹列列烈烈	맹렬 : 기세 따위가 몹시 세참.
					猛攻(맹공)
					猛獸(맹수)
					烈士(열사)
					熱風(열풍)

盟邦	맹세 맹 / 나라 방	盟邦	盟邦	日日明明明盟盟　一二三丯邦邦	맹방 : 동일 목적으로 화친한 나라.
					盟誓(맹서)
					盟約(맹약)
					萬邦(만방)
					友邦(우방)

盲點	맹인 맹 / 점 점	盲點	盲點	一亠亡亡盲盲盲　口甲里黑黑點點點	맹점 : 지나치기 쉽거나 오점인 것.
					盲目(맹목)
					盲從(맹종)
					缺點(결점)
					評點(평점)

綿絲	솜 면 / 실 사	綿絲	綿絲	丨幺糸糹約綿綿綿　丨幺糸糹紗紡絲絲	면사 : 솜으로 만든 무명실.
					綿毛(면모)
					綿密(면밀)
					毛絲(모사)
					原絲(원사)

免責	면할 면 / 꾸짖을 책	免責	免責	丿ク夕召召免免　一二丰主丰青責責	면책 : 어떤 행위의 책임 등을 면함.
					免疫(면역)
					免除(면제)
					責務(책무)
					責任(책임)

落落長松(낙락장송) 가지가 축 늘어진 키 큰 소나무.

南大門入納 (남대문입납) 주소가 똑똑히 적히지 않은 편지를 이름도 모르고 집을 찾는 무모함을 희롱하는 말.

囊中之錐(낭중지추) 주머니 속에 든 송곳의 끝이 뾰족하여 밖으로 삐져 나오는 것과 같이 재능(才能)이 뛰어난 사람은 많은 사람 중에 섞여 있을지라도 눈에 드러난다는 말.

48 敎育部選定漢字

勉學	힘쓸 면 / 배울 학	勉學	勉學				면학 : 학문에 힘을씀.
							勉勵(면려)
							勉行(면행)
							學級(학급)
							學生(학생)

命脈	목숨 명 / 맥 맥	命脈	命脈				명맥 : 생명이나 목숨.
							命令(명령)
							生命(생명)
							山脈(산맥)
							血脈(혈맥)

冥想	어둘 명 / 생각 상	冥想	冥想				명상 : 눈을 감고 깊이 생각함.
							冥福(명복)
							冥海(명해)
							想念(상념)
							想像(상상)

名譽	이름 명 / 명예 예	名譽	名譽				명예 : 높은 평가와 이에 따른 영광.
							名單(명단)
							名聲(명성)
							譽聲(예성)
							榮譽(영예)

鳴嗚	울 명 / 탄식 오	鳴嗚	鳴嗚				명오 : 울 명과 탄식할 오의 한자.
							鷄鳴(계명)
							雷鳴(뇌명)
							嗚咽(오열)
							嗚呼(오호)

模倣	법 모 / 본받을 방	模倣	模倣				모방 : 본떠서 똑같이 함.
							模樣(모양)
							模造(모조)
							倣刻(방각)
							倣似(방사)

貌樣	모양 모 / 모양 양	貌樣	貌樣				모양 : 겉으로 보인 생김새나 형상.
							外貌(외모)
							容貌(용모)
							樣相(양상)
							樣式(양식)

상형문자 馬 말 마 — 말이 뒷발로 버티고 목을 앞으로 뺀 모습이다.

教育部選定漢字 49

| 侮辱 | 모욕 모욕될 욕 | 侮 辱 | 侮 辱 | ノ イ 亻 仁 仵 佑 侮 侮　 一 厂 厂 戸 辰 辰 辰 辱 辱 | 모욕 : 깔보고 업신여김. 욕보임. | 侮慢(모만)
受侮(수모)
雪辱(설욕)
恥辱(치욕) |

| 暮雲 | 저물 모 구름 운 | 暮 雲 | 暮 雲 | 一 艹 艹 岁 苎 苜 莫 莫 暮　 一 厂 乕 乕 雨 雪 雪 雲 雲 | 모운 : 저물 무렵의 구름. | 暮景(모경)
暮夜(모야)
白雲(백운)
靑雲(청운) |

| 募集 | 뽑을 모 모을 집 | 募 集 | 募 集 | 一 艹 艹 节 苎 茁 莫 募 募　 ノ 亻 亻 什 佳 佳 隹 集 集 | 모집 : 사람이나 사물 따위를 모음. | 募金(모금)
急募(급모)
集計(집계)
集會(집회) |

| 某處 | 아무 모 곳 처 | 某 處 | 某 處 | 一 十 廿 廿 甘 苴 苴 苴 某　 ノ 丨 广 卢 虍 虗 處 處 處 | 모처 : 아무 곳. 어느 곳. | 某氏(모씨)
某月(모월)
處理(처리)
處身(처신) |

| 毛筆 | 털 모 붓 필 | 毛 筆 | 毛 筆 | 一 二 三 毛　 ′ ″ ″ ″ 竹 竺 笋 笋 筆 筆 筆 | 모필 : 털로 만든 붓. | 毛髮(모발)
毛皮(모피)
筆記(필기)
筆體(필체) |

| 冒險 | 무릅쓸 모 험할 험 | 冒 險 | 冒 險 | 丨 冂 日 目 冒 冒 冒　 ㄱ 阝 阝 阝 阝 阝 险 險 險 險 | 모험 : 위험을 무릅쓰고 결행함. | 冒瀆(모독)
冒頭(모두)
險難(험난)
危險(위험) |

綠陰芳草(녹음방초) 푸른 나무 그늘과 꽃다운 풀, 곧 여름의 자연 경관.
論功行賞(논공행상) 세운 공을 논정(論定)하여 상을 줌.
弄假成眞(농가성진) 농담삼아 한 것이 참으로 한 것같이 됨을 이르는 말. (동)
　　假弄成眞(가농성진).
籠鳥戀雲(농조연운) 심신이 속박당하거나 묶여 있는 사람은 자유를 누구보다도 갈망하게 된다는 말.

教育部選定漢字

目的	눈 목 / 과녁 적	丨冂冂月目 / ノ丶丬白白的的	목적 : 이루려고 하는 목표나 방향.	目次(목차) / 目標(목표) / 公的(공적) / 心的(심적)
牧畜	기를 목 / 가축 축	ノ丨牛牜牧牧牧 / 丶亠玄玄吉畜畜	목축 : 우마 등의 가축을 기름.	牧師(목사) / 牧場(목장) / 畜舍(축사) / 家畜(가축)
苗床	싹 묘 / 평상 상	艹艹艹苗苗苗 / 丶亠广广庁床床	묘상 : 모종을 키우는 자리. 못자리.	苗木(묘목) / 苗板(묘판) / 寢床(침상) / 平床(평상)
舞臺	춤출 무 / 토대 대	無舞舞舞舞 / 士吉高臺臺臺	무대 : 공연을 위해 설치한 단.	舞踊(무용) / 舞姬(무희) / 臺本(대본) / 臺帳(대장)
無慮	없을 무 / 생각할 려	無無無 / 广广虍虐虑慮	무려 : '자그만치·엄청나게도'의 뜻.	無能(무능) / 無限(무한) / 考慮(고려) / 配慮(배려)
霧散	안개 무 / 흩을 산	雨雩雩霏霧霧 / 丬廿革昔背散	무산 : 안개가 걷히듯 흩어짐.	霧雨(무우) / 霧中(무중) / 散漫(산만) / 散在(산재)
茂盛	무성할 무 / 성할 성	艹艹艼茂茂 / 厂厅成成成盛	무성 : 초목이 많이 나서 우거짐.	茂林(무림) / 茂草(무초) / 盛大(성대) / 盛行(성행)

상형문자 男 사내 남 ／ 田 田 男 ／ 고대의 남자들에게 밭에서 농사짓는 일은 가장 중요한 일이다. 밭(田) 밑의 力은 쟁기의 모습이 변한 것이다.

教育部選定漢字

貿易	무역 무 바꿀 역	貿易	貿易		무역 : 외국과 상거래를 일컬음.

` ` ` ` ` ` ` 貿 貿   ` 口 日 旦 月 易 易

貿穀(무곡)
貿米(무미)
交易(교역)
簡易(간이)

` 厂 厂 戊 戊   ` ` 二 午

무오 : 육십갑자의 쉰다섯째.

| 戊午 | 천간 무 낮 오 | 戊午 | 戊午 | | |

戊戌(무술)
戊辰(무진)
午前(오전)
午後(오후)

` ` 一 一 干 干 武 武   ` ` 丙 丙 丙 甬 勇 勇

무용 : 싸움에서의 용맹스러움.

| 武勇 | 호반 무 날랠 용 | 武勇 | 武勇 | | |

武器(무기)
武裝(무장)
勇敢(용감)
勇猛(용맹)

` 口 日 甲 里 黑 黑 墨 墨   ` ` 尸 尺

묵척 : 묵자. 먹물자.

| 墨尺 | 먹 묵 자 척 | 墨尺 | 墨尺 | | |

墨客(묵객)
墨竹(묵죽)
尺度(척도)
尺地(척지)

` ` 亠 ナ 文   ` 勹 勹 句 句

문구 : 글이나 문장의 구절.

| 文句 | 글월 문 귀절 구 | 文句 | 文句 | | |

文庫(문고)
文明(문명)
句節(구절)
詩句(시구)

` 1 冂 P 門 門 門 問 問   ` ` ` ` 竹 竺 笒 答 答

문답 : 물음과 그에 대한 대답.

| 問答 | 들을 문 대답 답 | 問答 | 問答 | | |

問安(문안)
問題(문제)
答禮(답례)
答辯(답변)

累卵之勢(누란지세) 쌓여 있는 알처럼 매우 위태로운 형세를 말함.
多岐亡羊(다기망양) ① 학문의 길이 여러 갈래로 퍼졌으면 진리를 얻기 어려움.
② 방침(方針)이 너무 많으면 도리어 어찌할 바를 모르게 된다는 말.
多多益善(다다익선) 많을수록 더욱 더 좋음.
多錢善價(다전선가) 밑천이 많으면 많을 수록 장사를 잘 할수 있게 된다는 말로, 돈이 돈을 번다는 말.

勿驚	말 물 / 놀랄 경	勿驚	勿驚	ノ勹勿勿 苟苟苟敬敬警驚驚	물경 : 엄청난 것에 놀라지 말라는 뜻.	勿論(물론) / 勿施(물시) / 驚動(경동) / 驚異(경이)
米粉	쌀 미 / 가루 분	米粉	米粉	丷丷半米米 丷丷半米米粉粉	미분 : 쌀가루.	米穀(미곡) / 米粒(미립) / 粉末(분말) / 粉食(분식)
微笑	작을 미 / 웃음 소	微笑	微笑	彳彳伊伊微微微 ノ一午竹竹竺笑笑	미소 : 소리없이 방긋 웃는 웃음.	微力(미력) / 微妙(미묘) / 大笑(대소) / 失笑(실소)
未遂	아닐 미 / 드디어 수	未遂	未遂	一二キ未未 丷丷丷芳芳豕遂遂	미수 : 행위를 끝내지 못한 일.	未來(미래) / 未收(미수) / 遂行(수행) / 完遂(완수)
眉壽	눈썹 미 / 목숨 수	眉壽	眉壽	フ尸尸眉眉眉 一十士声声壽壽壽	미수 : 눈썹이 세도록 오래 삶.	眉間(미간) / 眉月(미월) / 壽命(수명) / 壽宴(수연)
美醜	아름다울 미 / 추할 추	美醜	美醜	丷丷丷半美美美 一厂酉酉酉'酌醜醜	미추 : 아름다움과 추함.	美女(미녀) / 美德(미덕) / 醜女(추녀) / 醜聞(추문)
迷惑	미혹할 미 / 의혹 혹	迷惑	迷惑	丷丷半米米迷迷 一一戸戸或或惑惑	미혹 : 마음이 무엇에 홀려 흐림.	迷路(미로) / 迷信(미신) / 誘惑(유혹) / 疑惑(의혹)

상형문자 炎 불꽃 염

불 위에 불을 더하여 맹렬하게 불이 타는 것을 나타낸다. 원래의 뜻은 '불빛이 상승하다' '타다' 이다.

教育部選定漢字

蜜蜂	꿀밀 벌봉	蜜蜂	蜜蜂	밀봉 : 꿀벌.	密語(밀어) 蜜月(밀월) 蜂起(봉기) 蜂針(봉침)
拍掌	칠박 손바닥장	拍掌	拍掌	박장 : 손바닥을 침.	拍手(박수) 拍車(박차) 掌握(장악) 管掌(관장)
半徑	반반 지름길경	半徑	半徑	반경 : 반지름.	半減(반감) 半島(반도) 經路(경로) 直徑(직경)
叛旗	배반반 깃발기	叛旗	叛旗	반기 : 반역하는 깃발.	叛起(반기) 叛逆(반역) 國旗(국기) 軍旗(군기)
返納	돌아올반 들일납	返納	返納	반납 : 물품 따위를 도로 돌려 드림.	返送(반송) 返品(반품) 納入(납입) 納品(납품)
班常	나눌반 항상상	班常	班常	반상 : 양반과 상사람.	班長(반장) 班番(반번) 異常(이상) 日常(일상)

單刀直入(단도직입) 너절한 허두를 빼고 요점이나 본 문제를 바로 말함.
丹脣皓齒(단순호치) 붉은 입술과 흰 이. 곧 아름다운 여자의 얼굴을 말함.
大器晚成(대기만성) 크게 될 사람은 늦게 이루어진다는 뜻.
對牛彈琴(대우탄금) 소에게 거문고를 들려준다는 고사로, 어리석은 사람에게 는 아무리 애써 가르쳐도 알아 듣지 못한다는 말.
大有之年(대유지년) 크게 풍년이 든 해를 이르는 말.

54 敎育部選定漢字

	ノ ハ ゲ 今 育 育 飯 飯 飯	ヽ 亠 广 广 庐 店 店		반점 : '식당'의 중국식 일컬음.	
飯店	밥 반 / 가게 점	飯店	飯店		飯床(반상) / 飯酒(반주) / 店員(점원) / 店長(점장)
	一 厂 斤 反	一 扌 扌 扩 扩 抗		반항 : 따르지 않고 맞서 대듦.	
反抗	돌이킬 반 / 항거할 항	反抗	反抗		反對(반대) / 反應(반응) / 抗拒(항거) / 抗議(항의)
	亻 亻 伫 伫 傍 傍 傍	艹 艹 茾 茾 莭 觀 觀		방관 : 곁에서 보고만 있음.	
傍觀	곁 방 / 볼 관	傍觀	傍觀		傍系(방계) / 傍聽(방청) / 客觀(객관) / 主觀(주관)
	丶 亠 方 方	ノ 人 今 全 余 余 途		방도 : 어떤 일의 길이나 방법.	
方途	모 방 / 길 도	方途	方途		方法(방법) / 方案(방안) / 途上(도상) / 途中(도중)
	丶 亠 方 方 芳 放 放	丶 氵 氵 汁 沪 浪 浪		방랑 : 정처없이 떠돌아 다님.	
放浪	놓을 방 / 물결 랑	放浪	放浪		放流(방류) / 放牧(방목) / 浪漫(낭만) / 浪費(낭비)
	丶 艹 艹 艹 芳 芳	丶 艹 艹 苎 苎 草		방초 : 꽃다운 풀, 녹음방초.	
芳草	꽃다울 방 / 풀 초	芳草	芳草		芳年(방년) / 芳香(방향) / 草木(초목) / 花草(화초)
	く 女 女 妅 奷 妨 妨	丶 宀 宀 宇 宝 害 害		방해 : 남의 일에 헤살을 놓음.	
妨害	방해할 방 / 해칠 해	妨害	妨害		無妨(무방) / 毁謗(훼방) / 加害(가해) / 殺害(살해)

상형문자 旦 아침 단 초기의 자형은 태양이 막 올라와 아직 지면에서 떨어지지 않은 일출의 모습을 묘사한 것이 아랫부분이 선으로 바뀌었다.

教育部選定漢字

排斥	물리칠 배 / 내칠 척	一 扌 扌 扫 扫 排 排 排 ' 厂 斤 斤		배척: 물리쳐서 내침.	排除(배제) / 排他(배타) / 斥言(척언) / 斥候(척후)
配匹	짝 배 / 짝 필	一 丆 丙 丙 酉 酉 酉 配 配 一 丆 兀 匹		배필: 부부로서의 짝. 배우자.	配達(배달) / 配慮(배려) / 匹夫(필부) / 匹敵(필적)
伯仲	맏 백 / 중개 중	ノ 亻 亻 伯 伯 伯 伯 ノ 亻 亻 亻 仲 仲		백중: 맏형과 그 다음. 팽팽함.	伯兄(백형) / 伯父(백부) / 仲介(중개) / 仲媒(중매)
飜譯	번역 번 / 번역 역	采 番 番 番 翻 翻 翻 ' 亠 言 訶 訶 譯 譯 譯		번역: 다른 나라 말을 해석함.	飜覆(번복) / 飜案(번안) / 譯書(역서) / 譯者(역자)
繁昌	성할 번 / 창성 창	亠 毎 毎 毎 敏 繁 繁 繁 丨 冂 日 旦 昌 昌 昌		번창: 번화하고 창성함.	繁盛(번성) / 繁殖(번식) / 昌盛(창성) / 昌平(창평)
番號	차례 번 / 부를 호	一 二 千 平 采 番 番 番 口 呂 号 号 號 號 號 號		번호: 차례를 나타내는 호의 수.	番地(번지) / 當番(당번) / 商號(상호) / 信號(신호)

 고사성어

- **大義名分(대의명분)** 마땅히 지켜야할 큰 의리와 직분을 이르는 말.
- **盜聽塗說(도청도설)** 떠돌아 다니는 뜬 소문.
- **獨不將軍(독불장군)** ① 따돌림을 받는 외로운 사람. ② 혼자서는 장군이 못 된다는 뜻으로, 남과 협조하여야 한다는 말.
- **讀書尙友(독서상우)** 책을 가까이 함으로써 옛날의 현인들과도 벗이 될 수 있다는 말로 책을 많이 읽을 수록 유익하단 말.

教育部選定漢字

伐採	칠 벌 캘 채	伐採		벌채 : 나무를 베거나 깎아 냄.	伐木(벌목) 伐草(벌초) 採用(채용) 採擇(채택)
凡庸	무릇 범 떳떳할 용	凡庸		범용 : 평범하고 용렬함.	凡例(범례) 凡事(범사) 庸劣(용렬) 中庸(중용)
碧青	푸를 벽 푸를 청	碧青		벽청 : 구리의 생긴 푸른 녹.	碧玉(벽옥) 碧海(벽해) 青色(청색) 青春(청춘)
變更	변할 변 고칠 경	變更		변경 : 바꾸어서 고침.	變動(변동) 變化(변화) 更定(경정) 更生(갱생)
辨償	분별 변 갚을 상	辨償		변상 : 손실이나 빚을 갚음.	辨明(변명) 辨濟(변제) 償還(상환) 報償(보상)
別紙	다를 별 종이 지	別紙		별지 : 서류 따위에 덧붙이는 종이.	個別(개별) 區別(구별) 間紙(간지) 全紙(전지)
並立	아우를 병 설 립	並立		병립 : 나란히 섬. 동시에 존재함.	並設(병설) 並行(병행) 獨立(독립) 創立(창립)

상형문자 大 큰 대 — 만물의 영장인 사람이 우뚝 서 있는 모습을 본뜬 문자로 '크다' 라는 뜻이다.

教育部選定漢字 57

丙寅	남녘 병 범 인	丙 寅	丙 寅		병인 : 육십갑자의 셋째.

丙亂(병란)
丙午(병오)
甲寅(갑인)
戊寅(무인)

病患	병들 병 근심 환	病 患	病 患		병환 : '병'의 높임말.

病苦(병고)
病院(병원)
患者(환자)
患候(환후)

報告	갚을 보 알릴 고	報 告	報 告		보고 : 어떤 일의 내용 따위를 상사에게 알림.

報答(보답)
報道(보도)
告白(고백)
告別(고별)

保障	보전 보 막을 장	保 障	保 障		보장 : 일이 하자없도록 보증함.

保管(보관)
保證(보증)
障壁(장벽)
故障(고장)

補佐	도울 보 도울 좌	補 佐	補 佐		보좌 : 윗사람 곁에서 도움.

補給(보급)
補償(보상)
佐酒(좌주)
賢佐(현좌)

普遍	넓을 보 두루 편	普 遍	普 遍		보편 : 두루 널리 미침.

普及(보급)
普通(보통)
遍歷(편력)
遍在(편재)

 고사성어

獨也靑靑(독야청청) ① 홀로 푸르름. ② 홀로 높은 절개를 드러내고 있음.
獨淸獨醒(독청독성) 혼탁한 세상에서도 자신만큼은 깨끗하고 정신이 맑은 사람을 이르는 말.
突不煙不生煙(돌불연불생연) 「아니땐 굴뚝에 연기 날까?」와 같은 뜻으로 어떤 소문이 든지 반드시 그런 소문이 날 만한 원인이 있다는 말.
東家食西家宿(동가식서가숙) 떠돌아 다니며 얻어먹고 지내는 사람 또는 그런 일.

58 敎育部選定漢字

一二丙丙覀覆覆覆		''' 艹艹艻苎苤蓋蓋		복개 : 뚜껑·덮게를 덮음.	
엎을 복	覆	覆			覆面(복면)
					覆土(복토)
덮을 개	蓋	蓋			蓋然(개연)
					蓋瓦(개와)
ノ亻仁仕伏伏		' ケ乞		복걸 : 엎드려 간절하게 빎.	
엎드릴 복	伏	伏			伏兵(복병)
					屈伏(굴복)
구걸 걸	乞	乞			乞客(걸객)
					乞食(걸식)
ー ｒ ｔ ｊ ｊ ｔ 祁 祁 袹 複		' ' 宀 宀 宁 宙 宜 寫 寫		복사 : 본디의 것과 똑같이 박는 일.	
겹칠 복	複	複			複利(복리)
					複線(복선)
베낄 사	寫	寫			寫本(사본)
					寫眞(사진)
｜ ト		ノ 亻 仁 仕 件 倩 債 債		복채 : 점을 쳐준 값으로 주는 돈.	
점 복	卜	卜			卜吉(복길)
					卜日(복일)
빚질 채	債	債			債權(채권)
					債務(채무)
一二三丰夫未夫奉		ノ 亻 仁 什 仕		봉사 : 자신보다 남을 우선 도움.	
받들 봉	奉	奉			奉養(봉양)
					奉祝(봉축)
벼슬 사	仕	仕			給仕(급사)
					出仕(출사)
ノ几凡凡鳳鳳鳳鳳		ノ 亻 仆 仙 仙		봉선 : 봉선화의 준말.	
봉황 봉	鳳	鳳			鳳鳥(봉조)
					鳳湯(봉탕)
신선 선	仙	仙			仙女(선녀)
					神仙(신선)
一十土圭圭卦封封		𠂉 钅 金 金' 釒 釒 銷 銷 鎖		봉쇄 : 드나들지 못하도록 막음.	
봉할 봉	封	封			封印(봉인)
					封合(봉합)
쇠사슬 쇄	鎖	鎖			連鎖(연쇄)
					閉鎖(폐쇄)

상형문자 工 장인 공   舌 工 工   초기의 모양은 아랫부분이 활모양으로 되어 있는 절삭공구로, 원래의 뜻은 '공구' 이다.

教育部選定漢字

逢着	만날 봉 붙을 착	ノク夂冬夆夆逢逢　丶丷䒑苎芏着着	逢着		봉착 : 어떤 처지나 상황에 부닥침. 逢別(봉별) 逢火(봉화) 着陸(착륙) 着手(착수)
負擔	짐질 부 질 담	ノク厃厃危負負　一寸扌扩护护擔	負擔		부담 : 어떤 일의 의무나 책임. 負傷(부상) 負債(부채) 擔當(담당) 擔保(담보)
父母	아비 부 어미 모	ノハ父父　乚勹母母母	父母		부모 : 아버지와 어머니. 양친. 父女(부녀) 父親(부친) 母情(모정) 母親(모친)
不渡	아니 부 건널 도	一ブ不不　丶冫冫沪沪沪渡渡	不渡		부도 : 예금이 부족하여 지급 못하는 사고. 不在(부재) 不定(부정) 渡美(도미) 過渡(과도)
夫婦	사내 부 지어미 부	一二チ夫　乚夊女女妒妒婦婦婦	夫婦		부부 : 남편과 아내. 내외. 農夫(농부) 漁夫(어부) 婦人(부인) 主婦(주부)
部署	거느릴 부 관청 서	亠立产产音音部部　罒罒罒罒罒署署署	部署		부서 : 근무상 나누어진 사무의 부분. 部類(부류) 部分(부분) 官署(관서) 署長(서장)

同價紅裳(동가홍상) 같은 값이면 다홍치마. 곧 같은 것이면 품질이 좋은 것을 가진다는 뜻.

同苦同樂(동고동락) 괴로움이나 즐거움을 함께 함을 이르는 말.

東問西答(동문서답) 묻는 말에 대하여 아주 딴판인 엉뚱한 대답을 비꼬는 말.

同門修學(동문수학) 한 스승 밑에서, 한 학당에서 같이 학문을 연마하고 심신을 닦음을 이르는 말.

60 敎育部選定漢字

副業	버금 부 / 업 업	一 F 丌 吊 畐 畐 副 副　　" " 业 业 芈 業 業 業	부업 : 본업 이외로 갖는 직업.
		副業	副官(부관)
			副食(부식)
			開業(개업)
			從業(종업)

扶餘	도울 부 / 남을 여	一 † 扌 扌 扌 扶 扶　　ノ 人 今 刍 刍 飮 餘 餘	부여 : 고대 '부여국'의 준말.
		扶餘	扶養(부양)
			扶助(부조)
			餘生(여생)
			餘裕(여유)

富裕	부자 부 / 넉넉할 유	' 宀 宀 宁 宇 富 富 富　　' 冫 礻 礻 衤 裄 裕 裕	부유 : 재물이 많아 생활이 넉넉함.
		富裕	貧富(빈부)
			豊富(풍부)
			裕福(유복)
			豊裕(풍유)

赴任	다다를 부 / 맡길 임	一 十 土 キ 走 走 赴 赴　　ノ 亻 仁 仁 仟 任	부임 : 임명을 받아 임지로 감.
		赴任	赴門(부문)
			赴召(부소)
			任命(임명)
			任務(임무)

符籍	부신 부 / 호적 적	⺮ ⺮ ⺮ 夲 符 符　　⺮ 𥫗 竺 竺 筆 箓 籍 籍	부적 : 잡신을 막기 위해 그린 종이.
		符籍	符信(부신)
			符號(부호)
			書籍(서적)
			戶籍(호적)

否票	아니 부 / 표 표	一 ア オ 不 否 否　　一 币 西 西 西 票 票 票	부표 : 표결에서의 반대표.
		否票	否決(부결)
			否認(부인)
			賣票(매표)
			傳票(전표)

浮漂	뜰 부 / 뜰 표	氵 氵 氵 浮 浮 浮　　氵 氵 沪 沪 淠 漂 漂	부표 : 물에 떠서 떠돌아다님.
		浮漂	浮刻(부각)
			浮力(부력)
			漂流(표류)
			漂白(표백)

상형문자　犬　개 견　　위쪽으로 꼬리를 말아올린 개의 모습을 본떠서 만들었다.

復活	ㅅ 彳 彳 彳 彳 復 復 復　ㆍ ㆍ ㆍ 氵 汗 汗 活 活		부활　죽었다가 다시 되살아남.	復古(복고) 復生(부생) 活用(활용) 生活(생활)
北斗	ㅣ ㅓ ㅓ 北　ㆍ ㆍ 二 斗		북두　'북두칠성'의 준말.	北極(북극) 北韓(북한) 斗落(두락) 斗屋(두옥)
憤怒	ㅣ 忄 忄 忄 憤 憤 憤 憤　ㄟ ㄠ 女 奴 奴 怒 怒		분노　분하여 성냄.	憤慨(분개) 憤痛(분통) 怒氣(노기) 怒色(노색)
奔忙	一 ナ 大 太 本 夲 夳 奔　ㅣ 忄 忄 忄 忙 忙		분망　매우 부산하여 바쁨.	奔放(분방) 奔走(분주) 忙中(망중) 多忙(다망)
墳墓	一 土 土 圤 垆 埪 墳 墳　ㆍ ㅛ 廾 甘 苴 莫 莫 墓		분묘　무덤의 일컬음.	古墳(고분) 土墳(토분) 墓所(묘소) 墓地(묘지)
紛失	ㄟ ㄠ ㄠ 糸 紛 紛 紛　ㆍ ㅗ 二 牛 失		분실　무엇을 잃어 버림.	紛糾(분규) 紛爭(분쟁) 失望(실망) 失手(실수)

同病相憐(동병상련) 같은 병을 앓는 사람끼리 서로 가엾게 여긴다는 뜻으로 처지가 비슷한 사람끼리 서로 도우고 위로함을 이름.

同床異夢(동상이몽) 같은 잠자리에서 다른 꿈을 꿈. 곧, 겉으로는 같이 행동하면서 속으로는 딴 생각을 가진다는 뜻.

童子何知(동자하지) 「어린 아이처럼 유치한 놈이 무엇을 안다고 그러느냐?」라고 꾸짖는 말.

62 敎育部選定漢字

佛典	부처 불	佛	ノ イ 仁 仏 佛 佛　丶 冂 曲 曲 曲 典 典	불전 : 불교의 가르침을 적은 경전.	佛經(불경)
	법 전	典			佛供(불공)
					法典(법전)
					祭典(제전)
崩壞	무너질 붕	崩	' 山 严 屵 肯 崩 崩　一 十 土 圹 坭 塄 壞 壞	붕괴 : 허물어져 무너짐.	崩御(붕어)
	무너질 괴	壞			土崩(토붕)
					壞滅(괴멸)
					破壞(파괴)
朋友	벗 붕	朋	) 刀 刀 月 刖 朋 朋　一 ナ 方 友	붕우 : 벗. 친구.	朋黨(붕당)
	벗 우	友			朋輩(붕배)
					友情(우정)
					友愛(우애)
備考	갖출 비	備	ノ イ 仁 佯 伊 併 偌 備　一 十 土 耂 耂 考	비고 : 문서 등에 보충하여 기록함.	備忘(비망)
	상고 고	考			備置(비치)
					考慮(고려)
					考案(고안)
比較	견줄 비	比	一 ト ヒ 比　一 币 亘 車 軒 軒 軺 較	비교 : 둘 이상의 사물을 견주어 봄.	比例(비례)
	비교 교	較			比日(비일)
					較差(교차)
					較量(교량)
肥料	살찔 비	肥	) 刀 月 月 肝 胛 肥　丷 ビ 半 米 米 料 料	비료 : 토지에 뿌려주는 영양 물질.	肥滿(비만)
	헤아릴 료	料			料理(요리)
					料金(요금)
					資料(자료)
碑銘	비석 비	碑	一 厂 石 石 矿 碑 碑 碑　ノ 人 亽 全 金 鈢 鈢 銘 銘	비명 : 묘비에 새긴 글.	碑閣(비각)
	새길 명	銘			墓碑(묘비)
					銘心(명심)
					銘記(명기)

상형문자　西 서녘 서　 　새가 둥지 위에 있는 모양의 문자이다. 해가 서쪽으로 기울 때 새가 둥지로 돌아가므로 서쪽을 나타내게 되었다.

敎育部選定漢字

卑劣	낮을 비 / 용렬할 렬	丿 亻 亣 白 白 甶 卑 卑 / 丨 小 少 劣 劣	비열 : 성품과 행실이 천하고 용렬함.	卑怯(비겁) 卑賤(비천) 劣等(열등) 劣惡(열악)
悲痛	슬플 비 / 아플 통	丨 丬 非 非 非 悲 悲 悲 / 丶 广 疒 疒 疒 病 痛 痛	비통 : 몹시 슬프고 가슴이 아픔.	悲感(비감) 悲哀(비애) 痛症(통증) 痛快(통쾌)
批判	비평할 비 / 판단 판	一 扌 扌 扌 批 批 批 / 丶 丶 丷 亠 半 判 判	비판 : 사물을 비평하여 판단함.	批答(비답) 批評(비평) 判斷(판단) 判明(판명)
非核	아닐 비 / 씨 핵	丨 丬 非 非 非 / 一 十 木 朾 朾 栌 核 核	비핵 : 핵무기를 사용않기로 함.	非理(비리) 非常(비상) 核質(핵질) 核心(핵심)
頻煩	자주 빈 / 번잡 번	丶 止 屮 步 炉 频 頻 頻 / 丶 丷 火 炉 炉 炉 煩 煩	빈번 : 어떤 일이 매우 잦음.	頻數(빈삭) 頻發(빈발) 煩惱(번뇌) 煩悶(번민)
貧富	가난할 빈 / 부자 부	丿 八 分 分 欠 畚 貧 貧 / 丶 宀 宀 宣 宣 宫 富 富	빈부 : 가난함과 넉넉함.	貧弱(빈약) 淸貧(청빈) 富裕(부유) 富貴(부귀)

東征西伐(동정서벌) 전쟁을 하여 여러 나라를 이리저리로 정벌(征伐)함.

杜門不出(두문불출) 집 안에만 들어 박혀 있고 세상에 나가지 않음.

登龍門 (등 룡 문) 중국 황하의 상류에 있는 용문(龍門)을 잉어가 뛰어 오르면 용이 된다는 전설에서 비롯된 고사로 곧 입신출세의 관문으로 비유된 말.

同舟相救(동주상구) 서로 알거나 모르거나 친하거나 미워하거나를 떠나서 사람이 위급한 경우에는 서로 돕게 된다는 말.

氷山	얼음 빙 메 산	氷 山	氷 山	빙산 : 바다에 떠 있는 거대한 얼음덩이.	氷菓(빙과) 氷水(빙수) 山脈(산맥) 山河(산하)
詐欺	속일 사 속일 기	詐 欺	詐 欺	사기 : 못된 목적으로 남을 속임.	詐取(사취) 詐稱(사칭) 欺瞞(기만) 欺罔(기망)
舍廊	집 사 행랑 랑	舍 廊	舍 廊	사랑 : 한옥에서 주로 남편이 거처하는 방.	舍宅(사택) 舍監(사감) 廊廟(낭묘) 廊下(낭하)
沙漠	모래 사 사막 막	沙 漠	沙 漠	사막 : 모래로 뒤덮인 불모의 땅.	沙工(사공) 沙器(사기) 漠然(막연) 漠地(막지)
四捨	넉 사 버릴 사	四 捨	四 捨	사사 : '사사오입'의 준말. 반올림.	四柱(사주) 四苦(사고) 捨身(사신) 取捨(취사)
死傷	죽을 사 상할 상	死 傷	死 傷	사상 : 죽거나 다치거나 함.	死活(사활) 死力(사력) 傷心(상심) 傷處(상처)
邪臣	간사 사 신하 신	邪 臣	邪 臣	사신 : 사악한 불충의 신하.	邪術(사술) 邪惡(사악) 君臣(군신) 忠臣(충신)

상형문자 **君** 임금 군　　　'尹' '口'로 이루어졌으며, '尹'은 한 손으로 권력을 상징하는 막대기를 잡고 입(口)으로 명령한다는 뜻을 나타낸다.

한자	훈음	쓰기	필순	뜻풀이	단어
思惟	생각 사 / 생각할 유	思惟	ノ 口 四 田 田 思 思 思 / ノ 忄 忄 忄 忄 忰 惟 惟	사유 : 사물을 논리적으로 생각함.	思慕(사모) / 焦思(초사) / 惟獨(유독) / 伏惟(복유)
司直	맡을 사 / 바를 직	司直	フ 司 司 司 司 / 一 十 广 方 方 百 直 直	사직 : 법에 따라 시비를 가리는 사람.	司會(사회) / 司法(사법) / 直接(직접) / 直後(직후)
射出	쏠 사 / 날 출	射出	′ 亻 亻 冄 身 身 射 射 / 丨 屮 屮 出 出	사출 : 탄알·액체 따위를 품어 냄.	射殺(사살) / 亂射(난사) / 出世(출세) / 出沒(출몰)
寺塔	절 사 / 탑 탑	寺塔	一 十 土 土 寺 寺 / 一 土 圹 圹 圹 坱 塔 塔	사탑 : 사찰의 목재·석재로 만든 탑.	寺院(사원) / 寺刹(사찰) / 石塔(석탑) / 塔身(탑신)
削減	깎을 삭 / 덜 감	削減	′ ハ 斗 肖 肖 肖 削 削 / ′ 氵 氵 汇 沥 減 減	삭감 : 예산 따위를 깎아 줄임.	削除(삭제) / 削髮(삭발) / 減量(감량) / 減少(감소)
殺菌	죽일 살 / 버섯 균	殺菌	ㄨ 乂 幺 朵 杀 杀 杀 殺 殺 / ′ 艹 艹 芁 芁 荫 菌 菌	살균 : 약품·열 따위로 세균을 죽임.	殺伐(살벌) / 殺害(살해) / 菌核(균핵) / 病菌(병균)

고사성어

燈下不明(등하불명) 등잔 밑이 어둡다는 뜻으로, 가까이 있는 것을 도리어 알아내기 어렵다는 것을 이르는 말.

燈火可親(등화가친) 가을밤은 서늘하여 등불을 가까이 두고 글을 읽기에 좋다는 말로 독서를 권장하는 말.

莫逆之友(막역지우) 뜻이 서로 맞는 매우 절친한 가까운 친구를 이르는 말.

三杯	석 삼 / 잔 배	三杯	一二三 / 一十才才才杉杯杯	삼배: 술 석잔. 석잔의 술. 三進(삼진) 三尺(삼척) 乾杯(건배) 祝杯(축배)
桑麻	뽕나무 상 / 삼 마	桑麻	乛又叒桑桑桑 / 丶亠广广庐庐麻麻	상마: 뽕나무와 삼. 桑葉(상엽) 桑田(상전) 麻衣(마의) 麻布(마포)
嘗味	맛볼 상 / 맛 미	嘗味	丷ヅ背堂堂嘗嘗 / 丨口口叶呀味	상미: 맛을 봄. 먹어 봄. 嘗膽(상담) 嘗糞(상분) 味覺(미각) 珍味(진미)
詳細	자세할 상 / 가늘 세	詳細	亠言言計詳詳 / 幺糸糸糸細細	상세: 자상하고 세밀함. 未詳(미상) 仔詳(자상) 細部(세부) 細心(세심)
上旬	윗 상 / 열흘 순	上旬	丨卜上 / 丿勹勹旬旬旬	상순: 초하루부터 초열흘까지의 사이. 上記(상기) 上下(상하) 旬朔(순삭) 旬刊(순간)
祥運	상서 상 / 운반 운	祥運	丶ラ衤衤衤衤祥祥 / 冖口冃宣軍軍運	상운: 상스러운 운수. 서운. 祥夢(상몽) 祥瑞(상서) 運輸(운수) 運動(운동)
商品	장사 상 / 상품 품	商品	亠产产产商商商 / 丨口口吕品品品	상품: 상거래 목적으로 생산되는 재화. 商店(상점) 商街(상가) 品性(품성) 品行(품행)

상형문자 旅 나그네 려

원래의 뜻은 군대이다. 펄럭이는 군기 아래 두 사람의 병사가 서 있는 모습이다. 의미가 변하여 '나그네'라는 뜻이 되었다.

逝去	扌扌扩折折浙浙逝 一十土去去	逝去	서거 : 죽어서 세상을 떠남을 높임말.	逝世(서세) 急逝(급서) 去來(거래) 過去(과거)
庶務	亠广庄庄庄庄庶 ㄱㄋ子矛矛矜務務	庶務	서무 : 일반적인 일을 맡아보는 사무.	庶幾(서기) 庶民(서민) 事務(사무) 常務(상무)
書類	一ㄱㅋ콰聿書書書 丷半米类類類類	書類	서류 : 기록이나 사무에 관한 문서.	書籍(서적) 書店(서점) 類似(유사) 分類(분류)
敍述	ノ人今今余釕敍敍 一十才木术述述	敍述	서술 : 차례를 좇아 말함.	敍說(서설) 敍情(서정) 記述(기술) 陳述(진술)
誓約	扌扌扩折抵誓誓 ノ乡乡乡糸糸糸約約	誓約	서약 : 맹서하여 약속함.	盟誓(맹서) 宣誓(선서) 約束(약속) 先約(선약)
西洋	一ㄇㄇ西西西 丶氵氵氵洋洋洋洋	西洋	서양 : 유럽·미주의 여러 나라.	西記(서기) 西方(서방) 洋畫(양화) 東洋(동양)

萬頃蒼波(만경창파) 한없이 넓고 넓은 바다를 이르는 말.
萬卷讀破(만권독파) 만 권이나 되는 책을 다 읽음을 뜻한 말로 많은 책을 읽었음을 강조하여 비유한 말.
萬端說話(만단설화) 이 세상의 온갖 무한한 이야기.
萬事休矣(만사휴의) 모든 일이 헛되게 되어 버림을 한탄하는 말.
萬事亨通(만사형통) 모든 일들이 순탄하게 잘 되어감을 이르는 말.

教育部選定漢字

한자	훈음	필순	예시
徐緩	더딜 서 / 느릴 완	丿彳彳彳㣊㣊徐徐 幺糸糸糸紗紗緩	서완: 사물의 진행이 더디고 느림. 徐步(서보) / 徐行(서행) / 緩急(완급) / 緩和(완화)
夕刊	저녁 석 / 새길 간	丿ク夕 一二千千刊	석간: '석간 신문'의 준말. 夕食(석식) / 夕陽(석양) / 刊行(간행) / 出刊(출간)
席卷	자리 석 / 책 권	丶亠广广庐庐庐席席 丶丷丶半芈卷卷卷	석권: 세력 따위를 펼치거나 휩쓺. 席次(석차) / 座席(좌석) / 卷頭(권두) / 卷末(권말)
石材	돌 석 / 재목 재	一ア不石石 一十才木村材	석재: 축조물 등의 재료로 쓰이는 돌. 石器(석기) / 石油(석유) / 材料(재료) / 素材(소재)
選拔	가릴 선 / 뺄 발	丶巳㠯㠯巽巽選選 一十才扩扩扐拔拔	선발: 많은 가운데서 추려 뽑음. 選定(선정) / 選擇(선택) / 拔本(발본) / 拔擢(발탁)
宣布	베풀 선 / 베 포	丶宀宀宁宁宣宣 丿ナ オ 右 布	선포: 공적으로 세상에 널리 알림. 宣揚(선양) / 宣敎(선교) / 布告(포고) / 分布(분포)
旋回	돌 선 / 돌아올 회	丶方方扩扩旅旋旋 丨冂冋回回	선회: 원을 그리듯 돎. 旋律(선률) / 旋風(선풍) / 回轉(회전) / 回復(회복)

상형문자 武 무기 무

글자의 윗부분은 '戈(창과)'이고, 아랫부분은 발을 나타내는 '止(그칠 지)'로서, 원래의 뜻은 '군사' '싸움' '강력함' 등이다.

教育部選定漢字 69

	扌扌扩扩护撸撸攝　一厂FF耳耳取取	섭취 : 양분을 빨아 드리거나 받음.	
攝取	섭리섭 / 취할취　攝取　攝取		攝動(섭동) 攝生(섭생) 取捨(취사) 取消(취소)
	ノ冂日日月早星　ノ冂日甲戶戶晨晨	성신 : 새벽에 남아 있는 샛별.	
星晨	별성 / 새벽신　星晨　星晨		星群(성군) 星雲(성운) 晨省(신성) 晨謁(신알)
	く＜女女'如如姓姓　一厂厂氏	성씨 : 성(姓)을 높이어 부르는 말.	
姓氏	성씨성 / 성씨　姓氏　姓氏		姓名(성명) 姓字(성자) 氏族(씨족) 某氏(모씨)
	I 丨小少少省省省　丶宀宀宀宜宓寥察	성찰 : 자기 마음을 반성하여 살핌.	
省察	살필성 / 살필찰　省察　省察		省墓(성묘) 省悟(성오) 考察(고찰) 不察(불찰)
	一厂F耳耳取聖聖　言言言詝詝誕誕	성탄 : 성인의 탄생. 예수의 탄생.	
聖誕	성인성 / 탄생탄　聖誕　聖誕		聖域(성역) 聖恩(성은) 誕生(탄생) 誕辰(탄신)
	一十卄世世　ノ冂日田田昇昇界界	세계 : 온 세상. 모든 나라.	
世界	인간세 / 지경계　世界　世界		世代(세대) 亂世(난세) 境界(경계) 限界(한계)

滿山遍野(만산편야) 산과 들이 가득차게 뒤덮여 있음을 이르는 말.
滿山紅葉(만산홍엽) 단풍이 들어 온 산이 붉은 잎으로 뒤덮임.
晩時之歎(만시지탄) 자신에게 주어진 기회를 놓쳐버리고 나서 뒤늦게 한탄을 함을 이르는 말로 때늦은 한탄을 말함.
滿身瘡痍(만신창이) ① 온 몸이 상처투성이가 됨. ② 사물이 성한 데가 없을 만큼 결함이 많음을 이르는 말.

敎育部選定漢字

	`丶丶氵氵汁汁泮洸洗` `丶氵氵沪沪潛潛濯`	세탁 : 더러운 것들을 물에 빠는 일.			
洗濯	씻을 세 / 빨 탁	洗 濯	洗 濯		洗腦(세뇌) 洗鍊(세련) 濯足(탁족) 濯枝(탁지)
	`艹艹艹艹薪蘇蘇` `「耳耶聯聯聯聯聯`	소련 : '러시아'의 한자 음역.			
蘇聯	성길 소 / 연할 련	蘇 聯	蘇 聯		蘇復(소복) 蘇生(소생) 聯盟(연맹) 聯合(연합)
	`丷火灶炸烌烌烌烌燒` `丶氵氵汀沥沥减减滅`	소멸 : 타서 없어지거나 태워 없앰.			
燒滅	불사를 소 / 멸할 멸	燒 滅	燒 滅		燒却(소각) 燒盡(소진) 滅種(멸종) 破滅(파멸)
	`´´乊乊所所所` `丨冂冂冂門門門門聞`	소문 : 여러 사람 입으로 오르내려 전한 말.			
所聞	바 소 / 들을 문	所 聞	所 聞		所望(소망) 所得(소득) 見聞(견문) 新聞(신문)
	`丶丶氵氵汁汁洎消消` `一ㄱ弓弓弗弗費費費`	소비 : 돈이나 사물 따위를 써 없앰.			
消費	꺼질 소 / 비용 비	消 費	消 費		消息(소식) 消耗(소모) 費用(비용) 食費(식비)
	`丶亠言言訁訴訴訴` `丶亠言言言訟訟`	소송 : 법원에 판결을 요구하는 절차.			
訴訟	소송할 소 / 송사 송	訴 訟	訴 訟		訴願(소원) 訴追(소추)] 訟務(송무) 訟事(송사)
	`「F馬馭駒騷騷` `丶亠立产产音音音`	소음 : 시끄러운 잡스러운 소리.			
騷音	떠들 소 / 소리 음	騷 音	騷 音		騷亂(소란) 騷動(소동) 音聲(음성) 音樂(음악)

상형문자 老 늙을 로 — 등이 굽고, 지팡이를 짚고 가는 노인의 모습이다. 원래의 뜻은 '나이가 많다' 이고, '지나간 시간이 오래다' '낡다' 등의 뜻이 생겼다.

敎育部選定漢字

昭應	밝을 소 응할 응	昭 應	昭 應		丨 ㅂ 日 日' 昭 昭 昭 昭 亠 广 广 户 府 雁 應 應		소응: 감응이 또렷이 나타남.	昭詳(소상) 昭蘇(소소) 應諾(응낙) 應急(응급)
疎脫	성길 소 벗을 탈	疎 脫	疎 脫		乛 マ マ マ゚ 疋 疋' 疎 疎 丿 刂 月 月 月' 胪 脫 脫		소탈: 수수하고 털털함.	疏忽(소홀) 疎外(소외) 脫團(탈단) 脫線(탈선)
召還	부를 소 돌아올 환	召 還	召 還		乛 刀 刀 召 召 ⼞ ⼞ 皿 罒 罒 罒 罒 還		소환: 파견나가 있는 사람을 불러들임.	召命(소명) 召集(소집) 還元(환원) 返還(반환)
俗談	속세 속 말씀 담	俗 談	俗 談		丿 亻 亻 亻' 亻谷 俗 俗 亠 ㇀ 言 言 訖 訖 談 談		속담: 널리 구전되어 오는 민간 격언.	俗世(속세) 民俗(민속) 談笑(담소) 相談(상담)
粟栗	조 속 밤 률	粟 栗	粟 栗		一 ㇀ 西 西 覀 覀 粟 粟 粟 一 ㇀ 戶 西 覀 覀 栗 栗		속률: 조와 밤. 좁쌀과 밤.	粟米(속미) 粟散(속산) 生栗(생률) 黃栗(황률)
誦讀	외울 송 읽을 독	誦 讀	誦 讀		亠 ㇀ 言 訁 訁 訁 誦 誦 亠 ㇀ 言 言 言 讀 讀 讀		송독: 외어 읽음. 소리내어 읽음.	暗誦(암송) 讀書(독서) 購讀(구독) 通讀(통독)

罔極之恩(망극지은) 다 할 수 없는 임금이나 부모의 큰 은혜

望洋之嘆(망양지탄) 바다를 바라보고 하는 탄식. 곧 힘이 미치지 못하여 하는 탄식.

面從腹背(면종복배) 겉으로는 좇는채 하나 마음속으로는 반대함.

明鏡止水(명경지수) ① 맑은 거울과 잔잔하게 정지되어 있는 물. ② 잡념이 없이 아주 맑고 깨끗한 마음 속을 비유.

72 教育部選定漢字

松竹	一十才才木 松松松 / ノ ㅗ ㅅ ㅅ 竹竹	松 竹	송죽 : 소나무와 대나무.	松柏(송백) 松林(송림) 竹刀(죽도) 竹林(죽림)
刷新	フコア 尸 吊 刷 刷 ` ㅗ 亠 立 辛 新 新 新	刷 新	쇄신 : 폐단이나 묵은 것을 없애고 새롭게	刷掃(쇄소) 印刷(인쇄) 新聞(신문) 新入(신입)
衰殘	亠 亠 亠 声 亯 衰 衰 ー ラ 歹 妒 殘 殘 殘	衰 殘	쇠잔 : 어떤 세력이 쇠하여 잔약해짐.	衰弱(쇠약) 盛衰(성쇠) 殘忍(잔인) 殘額(잔액)
睡眠	丨 冂 日 旷 眇 睡 睡 丨 冂 日 旷 眠 眠 眠	睡 眠	수면 : 잠을 잠, 또는 잠.	睡眠(수면) 熟睡(숙수) 熟眠(숙면) 冬眠(동면)
隨伴	〕阝阝阹隋隋隨 ノ亻亻仁伴伴	隨 伴	수반 : 함께 일어나거나 함께 나타남.	隨筆(수필) 隨行(수행) 伴侶(반려) 同伴(동반)
數百	口串婁婁敷數數 一 丆 丆 百 百 百	數 百	수백 : 백의 두서너 배. 많은 수량.	數量(수량) 倍數(배수) 百姓(백성) 百花(백화)
垂範	一二 乒 乒 乒 垂 垂 ′ ″ ″ ″ 竹 笪 範 範	垂 範	수범 : 어떤 일에 모범을 보임.	垂直(수직) 垂訓(수훈) 範圍(범위) 示範(시범)

상형문자 莫 아닐 막 　해질녘에 태양이 수풀 속으로 떨어지는 모습으로 '해가 지는 때'가 원래의 뜻이다. 후에 '~하지 말라'로 의미가 바뀌었다.

教育部選定漢字

搜查	扌扌扌扌扌扌抄搜搜 一十才木木朩查查	搜查	搜查	수사 : 범죄의 증거 따위를 조사함.	搜訪(수방) 搜索(수색) 審査(심사) 調査(조사)
輸送	一一一一一一一一	輸送	輸送	수송 : 사람이나 물건을 실어 옮김.	輸入(수입) 輸出(수출) 送金(송금) 送年(송년)
授受	一十才才扩护挦授 一一一一一受	授受	授受	수수 : 금품 따위를 주고 받고 함.	授業(수업) 授與(수여) 受講(수강) 受領(수령)
誰雖	、一一言計計誰 口吊吊吊到雖	誰雖	誰雖	수수 : 의문·반의어 수(誰)와 발어사인 수(雖).	誰得(수득) 誰何(수하) 雖然(수연) 雖怨(수원)
修身	丶亻亻亻伩修修 丶丨门目身身	修身	修身	수신 : 마음과 행실을 바르게 닦음.	修理(수리) 修繕(수선) 身元(신원) 心身(심신)
需要	一一一一一一一 一一一西西要要要	需要	需要	수요 : 필요한 상품을 얻고자 하는 일.	需給(수급) 必需(필수) 要塞(요새) 要領(요령)

美風良俗(미풍양속) 아름답고 좋은 풍속.
民以食爲天(민이식위천) 백성은 먹는 것을 가장 중요한 것으로 삼음.
拍掌大笑(박장대소) 손바닥을 치며 야단스럽게 웃음.
反目嫉視(반목질시) 눈을 흘기면서 밉게 봄.
半信半疑(반신반의) 반은 믿고 반은 의심함.
拔本塞源(발본색원) 폐단의 근원을 아주 뽑아 버림.

收益	거둘 수 더할 익			수익 : 이익을 얻는 일. 이익을 얻음. 收金(수금) 收穫(수확) 共益(공익) 有益(유익)
手足	손 수 발 족			수족 : 손과 발. 마음대로 부리는 사람. 手記(수기) 手段(수단) 長足(장족) 滿足(만족)
宿泊	잘 숙 머물 박			숙박 : 남의 집 등에서 자고 머무름. 宿命(숙명) 宿願(숙원) 淡泊(담박) 碇泊(정박)
叔姪	아재비 숙 조카 질			숙질 : 아저씨와 조카. 叔母(숙모) 堂叔(당숙) 甥姪(생질) 姪女(질녀)
瞬發	순간 순 필 발			순발 : 자극에 따라 순간적인 반응 능력. 瞬間(순간) 一瞬(일순) 發露(발로) 發付(발부)
脣舌	입술 순 혀 설			순설 : 입술과 혀. 수다스러움. 脣齒(순치) 脣形(순형) 舌端(설단) 舌戰(설전)
巡遊	순행할 순 놀 유			순유 : 여러 곳을 떠돌며 유람함. 巡視(순시) 巡禮(순례) 遊覽(유람) 遊學(유학)

상형문자 買 살 매   글자의 윗부분인 '罒(그물 망)'으로 재물을 나타내는 '貝(조개 패)'를 모으는 모양이다. 원래의 뜻은 '재물을 모으는 것'이다.

教育部選定漢字 75

殉葬	죽을 순 장례 장	一 彡 歹 歹 殉 殉 殉　　艹 苎 莽 莽 葬 葬 葬	순장 : 죽은 사람과 함께 묻는 장사.	殉敎(순교) 殉職(순직) 葬禮(장례) 葬事(장사)
純眞	순수할 순 참 진	ㄠ ㄠ 幺 糸 糸 紅 純　一 ㄴ ㅏ 늣 旨 眞 眞 眞	순진 : 마음이 꾸밈없고 참됨.	純情(순정) 純潔(순결) 眞僞(진위) 眞理(진리)
循環	좇을 순 고리 환	ㄱ 彳 彳 彳 彳 循 循 循　王 玗 珥 琣 環 環 環 環	순환 : 일정한 구역을 끊임없이 돌고 돎.	循次(순차) 環境(환경) 環狀(환상) 花環(화환)
崇尙	높을 숭 오히려 상	' 屮 屮 岂 崇 崇　 ㅣ ㅛ ㅛ 尙 尙 尙 尙	숭상 : 높이어 기리고 소중히 여김.	崇拜(숭배) 崇高(숭고) 尙志(상지) 高尙(고상)
拾得	주울 습 얻을 득	一 十 扌 扒 扒 拾 拾　' 彳 彳 㣺 㣺 得 得 得	습득 : 어떤 사물을 주어서 얻음.	拾遺(습유) 收拾(수습) 得失(득실) 得票(득표)
濕症	젖을 습 증세 증	' 氵 氵 氵 渭 渭 濕 濕　' 广 广 疒 疒 疒 症 症	습증 : 습기로 말미암아 생기는 병.	濕氣(습기) 濕疹(습진) 症狀(증상) 症候(증후)

百折不屈(백절불굴) 백번 꺾어도 굽히지 않음. 곧 만난(萬難)을 극복하여 이겨 나감.

百尺竿頭(백척간두) 높은 장대 끝에 섰다는 말로, 대단히 위태로운 지경에 빠짐을 비유함.

父傳子傳(부전자전) 대대로 아버지가 아들에게 전함.

附和雷同(부화뇌동) 남이 하는 대로 좇아서 행동함.

		ノ	丷	丹	冎	马	尸	昇	昇	ノ	幺	幺	糸	約	紉 級	승급 : 등급에 오름. 급수가 오름.

昇級

- 오를 승 / 등급 급
- 昇降(승강)
- 昇格(승격)
- 等級(등급)
- 進級(진급)

承認

- 이을 승 / 인정 인
- 승인 : 사실임을 인정함. 들어 줌.
- 承諾(승낙)
- 承服(승복)
- 認可(인가)
- 認定(인정)

視覺

- 볼 시 / 깨달을 각
- 시각 : 망막을 자극시켜 일어나는 감각.
- 視線(시선)
- 無視(무시)
- 覺醒(각성)
- 覺悟(각오)

侍衛

- 모실 시 / 호위할 위
- 시위 : 임금을 곁에서 모시고 호위함.
- 始終(시종)
- 侍下(시하)
- 衛兵(위병)
- 衛生(위생)

時節

- 때 시 / 마디 절
- 시절 : 여러 시기로 구분한 인생의 한 동
- 時流(시류)
- 時局(시국)
- 節概(절개)
- 音節(음절)

施策

- 베풀 시 / 꾀 책
- 시책 : 어떤 계획을 실행으로 옮김.
- 施設(시설)
- 施工(시공)
- 計策(계책)
- 政策(정책)

始初

- 비로소 시 / 처음 초
- 시초 : 맨 처음. 사물의 비롯됨.
- 始終(시종)
- 始作(시작)
- 初刊(초간)
- 初面(초면)

상형문자 兵 병사 병

글자의 윗부분은 도끼 모양으로 무기를 나타내고, 아랫부분은 무기를 잡는 두 손이다. 원래의 뜻은 '무기'이고, 뒤에 '병사'라는 뜻이 되었다.

教育部選定漢字 77

市販	저자 시 팔 판	市販	시판 : 상품 따위를 시장에서 파는 것.	市廳(시청) 市場(시장) 販路(판로) 販促(판촉)

筆順: 亠亡方市 / 冂目目貝貝貯貯販

試驗	시험 시 시험할 험	試驗	시험 : 지식·기술·수준 따위를 알아봄.	試鍊(시련) 考試(고시) 經驗(경험) 效驗(효험)

筆順: 亠늘言言訂試試 / 厂FF馬馬馭駼驗驗

植木	심을 식 나무 목	植木	식목 : 나무를 심음. 또는 그 나무.	植樹(식수) 植物(식물) 木材(목재) 木造(목조)

筆順: 一十才木术枯枯植植 / 一十才木

信賴	믿을 신 의뢰할 뢰	信賴	신뢰 : 믿고 의지함.	信念(신념) 信用(신용) 無賴(무뢰) 依賴(의뢰)

筆順: 亻イ广产信信信 / 一口口束軟軟賴賴

辛酉	매울 신 닭 유	辛酉	신유 : 육십갑자의 쉰 여덟째.	辛苦(신고) 辛辣(신랄) 丙酉(병유) 丁酉(정유)

筆順: 亠宀宀立立辛 / 一厂厂丙丙西西酉

申請	납 신 청할 청	申請	신청 : 신고하여 청구함.	申告(신고) 庚申(경신) 請婚(청혼) 請求(청구)

筆順: 丨口日曰申 / 亠늘言計計請請請

 고사성어

不共戴天(불공대천) 하늘을 같이 보지 못한다는 뜻으로, 이 세상에서 같이 살 수 없을 만한 큰 원한(怨恨)을 비유하여 일컫는 말. (동) 不俱戴天(불구대천).

不問可知(불문가지) 묻지 않아도 능히 알 수 있음.

不問曲直(불문곡직) 일의 옳고 그름을 묻지 아니하고 경솔히 행동함.

펼 신	伸	ノ イ 亻 伊 但 伸	신축 : 늘이고 줄임. 탄력성.	伸張(신장) / 追伸(추신)	
줄일 축	縮	ㄥ 幺 糸 紵 紵 縮		縮小(축소) / 減縮(감축)	
귀신 신	神	` ラ 衤 衤 和 和 神	신화 : 신성한 이야기로 설화 따위.	神秘(신비) / 神聖(신성)	
말씀 화	話	` 亠 言 訁 訐 話 話		談話(담화) / 對話(대화)	
찾을 심	尋	ㄱ ㅋ 尹 尹 君 君 尋 尋	심방 : 방문하여 찾아 봄.	尋究(심구) / 尋常(심상)	
찾을 방	訪	` 亠 言 訁 訪 訪		訪問(방문) / 訪北(방북)	
깊을 심	審	` 宀 宀 宷 審 審	심의 : 심사하고 토의함.	審理(심리) / 審査(심사)	
의논 의	議	` 亠 言 訁 詳 議 議		議決(의결) / 議案(의안)	
살필 심	深	` 氵 汈 浮 深 深	심층 : 사물의 깊은 속과 층.	深刻(심각) / 深化(심화)	
층계 층	層	ㄱ 尸 尸 屈 屋 層 層		層階(층계) / 階層(계층)	
열 십	十	一 十	십배 : 어떤 수나 양의 열갑절.	十升(십승) / 十分(십분)	
곱 배	倍	ノ 亻 亻 亻 亻 位 倍		倍加(배가) / 倍數(배수)	
둘 쌍	雙	ノ 亻 亻 亻 隹 佳 雔 雙	쌍봉 : 나란히 서 있는 두개의 봉우리.	雙淚(쌍루) / 雙壁(쌍벽)	
봉우리 봉	峯	` 山 山 屮 岁 峄 峯		山峰(산봉) / 峻峰(준봉)	

상형문자 易 바꿀 역

글자의 윗부분은 도마뱀의 머리, 아랫부분은 꼬리와 다리이며, 글자의 원래 뜻은 '도마뱀'이나 후에 '고치다' '교역하다' 등의 의미로 쓰인다.

教育部選定漢字

雅淡	아담할 아 / 아무를 담	雅 淡	雅 淡		｀ ｆ ｊ ｊ ｊ 邪 邪 雅 　 ｀ ｉ ｉ ｊ 汃 汃 浱 淡	아담 : 고아하고 담박함.	雅量(아량) 優雅(우아) 淡白(담백) 淡水(담수)
兒童	아이 아 / 아이 동	兒 童	兒 童		｀ ｆ ｆ ｆ 白 白 兒 　 ｀ ｉ ｉ 立 产 咅 音 音 童	아동 : 어린아이. 어린이.	健兒(건아) 男兒(남아) 童詩(동시) 童心(동심)
亞洲	버금 아 / 물가 주	亞 洲	亞 洲		一 ｆ ｆ ｆ 西 亞 亞 　 ｀ ｉ ｉ ｊ 汃 沙 洲 洲	아주 : '아세아주'의 준말.	亞鉛(아연) 東亞(동아) 美洲(미주) 阿洲(아주)
岳丈	큰산 악 / 어른 장	岳 丈	岳 丈		｀ ｆ ｆ 丘 乒 岳 岳 　 一 ナ 丈	악장 : 아내의 아버지. 빙장. 장인.	山岳(산악) 岳父(악부) 丈母(장모) 丈人(장인)
案件	책상 안 / 사건 건	案 件	案 件		｀ ｉ ｊ 宀 安 安 案 案 　 ノ ｆ ｆ ｆ ｆ 件	안건 : 토의하거나 조사해야 할 사실.	案內(안내) 起案(기안) 件名(건명) 條件(조건)
眼科	눈 안 / 과목 과	眼 科	眼 科		丨 冂 目 目 目 眼 眼 眼 　 ｀ ｉ ｆ 千 禾 禾 彩 科	안과 : 눈병을 연구하고 치료하는 의학.	眼鏡(안경) 眼光(안광) 科目(과목) 科程(과정)

四分五裂(사분오열) 여러 쪽으로 찢어짐. 어지럽게 분열됨.
沙上樓閣(사상누각) 모래위에 세운 다락집. 곧 기초가 자빠질 염려가 있거나 오래 유지하여 못할 집, 또는 실현 불가능한 일을 비유하는 말.
四通五達(사통오달) 길이나 교통망·통신망 등이 사방으로 막힘없이 통함.
事必歸正(사필귀정) 무슨 일이든 결국은 올바른 이치대로 됨. 반드시 정리(正里)로 돌아감을 이르는 말.

敎育部選定漢字

安寧	편안 안 / 편안할 녕	安寧	안녕 : 질서가 있고 사회가 평화로움.

安否(안부)
安息(안식)
康寧(강녕)
寧日(영일)

| 謁見 | 뵐 알 / 뵐 현 | 謁見 | 알현 : 지체 높은 사람을 찾아 뵘. |

謁聖(알성)
拜謁(배알)
見本(견본)
見習(견습)

| 暗黑 | 어둘 암 / 검을 흑 | 暗黑 | 암흑 : 주위 일대가 어둡고 캄캄함. |

暗行(암행)
暗礁(암초)
黑鉛(흑연)
黑幕(흑막)

| 壓倒 | 누를 압 / 넘어질 도 | 壓倒 | 압도 : 월등한 힘으로 상대편을 누름. |

壓力(압력)
鎭壓(진압)
倒産(도산)
卒倒(졸도)

| 仰騰 | 우러를 앙 / 오를 등 | 仰騰 | 앙등 : 물품이 달리고 값이 뛰어오름. |

仰請(앙청)
信仰(신앙)
騰貴(등귀)
騰落(등락)

| 哀惜 | 슬플 애 / 아낄 석 | 哀惜 | 애석 : 슬프고 안타까움. |

哀歡(애환)
哀願(애원)
惜別(석별)
惜敗(석패)

| 愛憎 | 사랑 애 / 미워할 증 | 愛憎 | 애증 : 사랑과 미움. |

愛用(애용)
愛情(애정)
憎惡(증오)
可憎(가증)

상형문자 美 아름다울 미

머리위에 양의 뿔이나 깃 털 등의 장식물을 쓰고 예쁘게 꾸민 사람의 모습이다. '아름답다' '훌륭하다' 의 뜻이다.

教育部選定漢字

野黨	들 야 / 무리 당	野黨	野黨	丶 口 甲 里 野 野 野 / 丷 业 当 当 常 常 黨	야당 : 정권을 담당하고 있지 아니한 정당.	野圈(야권) / 野望(야망) / 黨論(당론) / 黨首(당수)
藥師	약 약 / 스승 사	藥師	藥師	艹 艹 芍 芍 茲 茲 樂 藥 / 丿 丨 卩 自 自 師 師 師	약사 : 약사 국가시험에 합격한 사람.	藥草(약초) / 補藥(보약) / 師範(사범) / 教師(교사)
掠奪	노략질 략 / 빼앗을 탈	掠奪	掠奪	一 丨 扌 扩 护 拧 掠 / 一 亠 大 木 杳 奞 奪 奪	약탈 : 폭력을 써서 남의 것을 빼앗음.	掠治(약치) / 擄掠(노략) / 奪取(탈취) / 爭奪(쟁탈)
糧穀	곡식 량 / 양식 곡	糧穀	糧穀	丶 丷 米 籵 籵 糎 糧 / 十 土 士 寺 壳 榖 穀	양곡 : 양식으로 쓰이는 곡식.	軍糧(군량) / 食糧(식량) / 穀食(곡식) / 米穀(미곡)
養豚	기를 양 / 돼지 돈	養豚	養豚	丷 半 美 美 养 養 養 / 丿 几 月 月 肝 豚 豚	양돈 : 돼지를 먹여 기름.	養育(양육) / 培養(배양) / 豚肉(돈육) / 豚舍(돈사)
良識	어질 량 / 알 식	良識	良識	丶 ㄱ 卪 良 良 良 / 丶 亠 言 言 訃 誰 識 識	양식 : 올바른 판단력의 탁월한 식견.	良心(양심) / 良書(양서) / 識見(식견) / 識別(식별)

先見之明(선견지명) 앞일을 미리 내다보는 밝은 슬기.
先公後私(선공후사) 공적인 일을 먼저 하고 사적인 일을 뒤로 미룸.
雪上加霜(설상가상) 눈 위에 서리란 말로, 불행한 일이 거듭하여 생김을 가리킴.
歲寒三友(세한삼우) 겨울철 관상용(觀賞用)인 세가지 나무, 곧 소나무·대나무·매화나무의 일컬음. 송죽매(松竹梅).

楊柳	버들 양 버들 류	一十才木杆杆楊楊　一十才木村柳柳		양류: '버드나무'의 한자 음역.	楊枝(양지) 白楊(백양) 柳腰(유요) 細柳(세류)
諒知	양해할 량 알 지	亠言言計許諒諒　宀宀宁安灾察		양지: 어떤 상황을 살피어 앎.	諒察(양찰) 諒解(양해) 知識(지식) 知覺(지각)
兩側	둘 량 곁 측	一丌丏兩兩兩　亻亻佣佣佣側		양측: 두 편. 양편. 양쪽.	兩家(양가) 兩面(양면) 側近(측근) 側面(측면)
羊皮	양 양 가죽 피	丶丷业羊羊　厂广皮皮		양피: 양의 가죽.	羊毛(양모) 羊肉(양육) 皮膚(피부) 皮革(피혁)
語尾	말씀 어 꼬리 미	亠言言訂語語語　フ尸尸尼尾尾		어미: 용언 등의 어간에 붙어서 쓰이는	語節(어절) 語源(어원) 交尾(교미) 末尾(말미)
御使	거느릴 어 부릴 사	彳彳彳彳御御　亻亻𠂇𠂇便使		어사: 왕명으로 지방으로 시찰가는 관리.	御命(어명) 御前(어전) 使命(사명) 使用(사용)
於焉	어조사 어 어찌 언	亠方方扩於於　一T下正正焉焉		어언: '어언간'의 준말. 어느덧.	於是(어시) 於心(어심) 焉敢(언감) 終焉(종언)

상형문자 石 돌 석　　글자의 뜻은 '돌'이다. 낭떠러지(厂)옆에 돌(口)이 있는 모습이다.

漢字	훈음	쓰기		단어	용례
魚貝	고기 어 / 조개 패	魚貝	魚貝	어패 : 물고기와 조개.	魚類(어류) 養魚(양어) 貝類(패류) 貝塚(패총)
漁獲	고기잡을 어 / 얻을 획	漁獲	漁獲	어획 : 물고기·조개 따위를 잡거나 땀.	漁業(어업) 出漁(출어) 獲得(획득) 捕獲(포획)
抑揚	누를 억 / 날릴 양	抑揚	抑揚	억양 : 말의 높고 낮은 기복.	抑壓(억압) 抑留(억류) 揚水(양수) 引揚(인양)
億兆	억 억 / 억조 조	億兆	億兆	억조 : 억과 조. 썩 많은 수.	億萬(억만) 億臺(억대) 兆朕(조짐) 凶兆(흉조)
嚴肅	엄할 엄 / 엄숙할 숙	嚴肅	嚴肅	엄숙 : 장엄하고 정숙함. 가차없고 단호함.	嚴責(엄책) 謹嚴(근엄) 肅然(숙연) 肅淸(숙청)
旅館	나그네 려 / 집 관	旅館	旅館	여관 : 돈을 받고 객을 묵게 하는 집.	旅券(여권) 旅行(여행) 館長(관장) 別館(별관)

脣亡齒寒(순망치한) 입술이 없어지면 이가 시리다는 뜻으로, 곧 서로 밀접한 사람 중에서 한 사람이 망하면 다른 한 사람에게는 영향이 있음을 이르는 말.

始終如一(시종여일) 처음이나 나중이 한결같아서 변함이 없음.

食少事煩(식소사번) 먹을 것은 적고 할 일은 많음.

84 敎育部選定漢字

輿論	수레 여 / 논할 론	輿論	輿論		여론: 사회 대중들의 공통된 의견 輿望(여망) 輿頌(여송) 論文(논문) 議論(의논)
如斯	같을 여 / 이 사	如斯	如斯		여사: 여차. 이와 같음. 여시. 약차. 如干(여간) 如意(여의) 斯界(사계) 斯學(사학)
女僧	계집 녀 / 중 승	女僧	女僧		여승: 비구니. 여자 중. 美女(미녀) 醜女(추녀) 僧俗(승속) 高僧(고승)
余予	나 여 / 나 여	余予	余予		여여: 나를 나타내는 여(余)자와 여(予)자. 余等(여등) 余輩(여배) 予取(여취) 予奪(여탈)
汝矣	너 여 / 어조사 의	汝矣	汝矣		여의: '여의도(汝矣島)'의 준말. 汝輩(여배) 汝牆(여장) 矣哉(의재) 矣夫(의부)
歷史	지낼 력 / 사기 사	歷史	歷史		역사: 인류 사회의 변천과 흥망성쇠. 歷任(역임) 遍歷(편력) 史蹟(사적) 史料(사료)
亦是	또 역 / 옳을 시	亦是	亦是		역시: 또. 또한. 亦然(역연) 是非(시비) 是認(시인) 是正(시정)

상형문자 白 흰 백

글자의 모양은 촛불의 형상이고, 가운데 부분은 심지를 나타낸다. 원래의 뜻은 '빛남' '분명함' 이지만 후에는 '흰색' 으로만 쓰인다.

教育部選定漢字

					역전 : 역의 앞 광장이나 정거장.	
驛前	역역/앞전	驛前	驛前			驛舍(역사) 驛長(역장) 前後(전후) 直前(직전)
					역질 : '천연두'를 일컫는 말.	
疫疾	염병역/병질	疫疾	疫疾			免疫(면역) 防疫(방역) 疾病(질병) 疾患(질환)
					연구 : 깊이 있게 조사하고 생각함.	
研究	갈연/궁구할구	研究	研究			研磨(연마) 究明(구명) 探究(탐구) 追究(추구)
					연등 : 불교 행사에 쓰이는 등.	
燃燈	불탈연/등잔등	燃燈	燃燈			燃燒(연소) 燃料(연료) 燈火(등화) 點燈(점등)
					연락 : 상대방이나 관계자에게 알림.	
連絡	이을련/이을락	連絡	連絡			連絡(연락) 連累(연루) 籠絡(농락) 脈絡(맥락)
					연마 : 돌·쇠붙이 등을 갈고 닦음.	
鍊磨	단련할련/갈마	鍊磨	鍊磨			鍊武(연무) 鍛鍊(단련) 磨滅(마멸) 磨擦(마찰)

神出鬼沒(신출귀몰) 귀신이 출몰하듯 자유 자재하여 그 변화를 헤아리지 못함
을 뜻함.

深思熟考(심사숙고) 깊이 생각하고 익히 생각함. 곧 신중을 기하여 곰곰이 생각
함.

十年知己(십년지기) 오래전부터 사귀어 온 친구.

	一 艹 艹 苎 苎 菸 燕 燕		一 十 十 市 夾 來 麥 麥	연맥 : 귀리의 또다른 말.	
燕	제비 연	燕	燕		燕子(연자)
	보리 맥				燕息(연식)
麥		麥	麥		麥凉(맥량)
					麥酒(맥주)
	幺 幺 糸 結 縊 戀 戀		一 艹 艹 苎 莫 慕 慕	연모 : 사랑하여 그리워 함.	
戀	사모할 련	戀	戀		戀愛(연애)
					戀情(연정)
慕	사모 모	慕	慕		思慕(사모)
					追慕(추모)
	忄 忄 忄 忄 怜 憐 憐		忄 忄 忄 忄 悶 悶 悶 悶	연민 : 불쌍하고 가련함.	
憐	가엾을 련	憐	憐		可憐(가련)
					哀憐(애련)
憫	불쌍할 민	憫	憫		憫忙(민망)
					憫笑(민소)
	幺 幺 糸 紅 絅 紳 練		丁 丑 邛 邛 쮜 習 習	연습 : 학문·기예 등을 익숙하게 익힘.	
練	익힐 련	練	練		練兵(연병)
					修練(수련)
習	익힐 습	習	習		習慣(습관)
					習性(습성)
	丶 氵 氵 沪 沿 沿 沿		丶 屮 屮 屮 岸 岸 岸	연안 : 육지와 이어져 있는 강·바닷가.	
沿	연안 연	沿	沿		沿海(연해)
					沿道(연도)
岸	언덕 안	岸	岸		岸柳(안류)
					海岸(해안)
	幺 幺 糸 絅 絅 絛 緣		丨 冂 由 由 由	연유 : 까닭. 유래. 사유.	
緣	인연 련	緣	緣		緣分(연분)
					血緣(혈연)
由	이유 유	由	由		由來(유래)
					經由(경유)
	一 艹 节 莒 莒 萱 萱 蓮		丶 亠 古 古 亯 亯 亭	연정 : 연못의 또 다른 말. 연당.	
蓮	연꽃 련	蓮	蓮		蓮根(연근)
					蓮花(연화)
亭	정자 정	亭	亭		亭子(정자)
					亭然(정연)

상형문자 眉 눈썹 미 　눈 위에 눈썹이 자란 것을 나타낸 상형문자이다. '눈썹' 을 뜻한다.

演奏	연역할 연 演 / 아뢸 주 奏	丶 丶 氵 氵 沪 洊 演演 一 二 三 声 夫 夹 奏 奏	연주 : 남 앞에서 악기를 들려 주는 일.	演技(연기) 演藝(연예) 伴奏(반주) 奏案(주안)
熱狂	더울 열 熱 / 미칠 광 狂	土 夫 去 幸 刲 埶 埶 熱 ノ 犭 犭 犭 犴 狂 狂	열광 : 너무 기뻐서 미친 듯이 날뜀.	熱氣(열기) 熱望(열망) 狂奔(광분) 狂信(광신)
閱覽	볼 열 閱 / 볼 람 覽	ー 冂 冂 門 門 問 閱 閱 ㅣ ㄷ ㄸ 臣 臨 臨 皆 覽 覽	열람 : 내용을 조사하면서 죽 훑어 봄.	閱兵(열병) 閱歷(열력) 博覽(박람) 觀覽(관람)
列車	벌일 렬 列 / 수레 차 車	一 ア 歹 歹 列 列 一 ア 斤 斤 百 亘 車	열차 : 기관차에 객차 등을 달은 차량.	列擧(열거) 列島(열도) 車道(차도) 駐車(주차)
廉恥	청렴할 렴 廉 / 욕될 치 恥	亠 广 广 庐 庐 廉 廉 廉 一 ㄷ ㄸ 耳 耳 耳 恥 恥	염치 : 염결하여 수치를 아는 마음.	廉價(염가) 廉探(염탐) 恥部(치부) 恥辱(치욕)
獵奇	사냥할 렵 獵 / 기이할 기 奇	犭 犭 犭 猎 猎 猎 獵 獵 一 ナ 大 本 产 奇 奇 奇	엽기 : 기괴하고 이상한 일의 강한 흥미.	獵銃(엽총) 狩獵(수렵) 奇妙(기묘) 奇岩(기암)

 고사성어

言語道斷(언어도단) 말문에 막혔다는 뜻으로 너무 어이 없어서 말하려다 말할 수 없음을 이름.
言中有骨(언중유골) 예사로운 말 속에 단단한 뼈 같은 속 뜻이 있다는 말.
與民同樂(여민동락) 임금이 백성과 더불어 즐김. (동) 여민해락(與民偕樂).
連絡不絶(연락부절) 오고 가고 함이 끊이지 않음.

88 敎育部選定漢字

嶺東	재령 동녘동	嶺東	嶺東	｀山户岸岸崟嶺嶺 一厂百百車東東		영동 : 강원도 대관령 동쪽의 땅. 嶺南(영남) 嶺西(영서) 東北(동북) 東海(동해)
永生	길영 날생	永生	永生	｀亅才永永 ｀｀ ﾉ ⺧ 生生		영생 : 영원히 삶. 영원히 살아 있음. 永遠(영원) 永眠(영면) 生涯(생애) 生疎(생소)
英才	꽃부리영 재주재	英才	英才	一 卄 卅 艹 艿 英英 一 十 才		영재 : 뛰어난 재능을 가진 사람. 英傑(영걸) 英雄(영웅) 才能(재능) 才色(재색)
榮轉	영화영 구를전	榮轉	榮轉	｀ ⺌ 炏 炏 炏 炏 炏 炏 炏 炏 炏 一 戸 亘 車 車 車 轉 轉		영전 : 보다 좋은 자리로 옮겨감. 榮光(영광) 虛榮(허영) 轉倒(전도) 轉落(전락)
零敗	떨어질령 패할패	零敗	零敗	一 戶 戸 雨 零 零 零 丨 冂 目 貝 貝 財 敗 敗		영패 : 경기 따위에서 영점으로 짐. 零度(영도) 零時(영시) 敗因(패인) 勝敗(승패)
影響	그림자영 울릴향	影響	影響	丨 冂 曰 昌 景 景 影 影 ｀ ⺈ 乡 郷 郷 郷 響 響		영향 : 사물이 다른 사물에 미치는 것. 影像(영상) 撮影(촬영) 響應(향응) 音響(음향)
銳敏	예리할예 민첩할민	銳敏	銳敏	｀ ｀ ｀ 乍 乍 金 鈩 鈩 鈩 銳 ｀ ⺧ ⺧ 乍 毎 毎 毎 敏		예민 : 감각 등이 예리하고 민감함. 新銳(신예) 精銳(정예) 敏感(민감) 敏捷(민첩)

상형문자 才 재주 재   十 㐅 才

지면(地面)을 표시하는 가로 획과 땅 밑으로부터 자라나오는 새삭을 나타낸다. 원래의 뜻은 '초목의 시초' 이나 지금은 '재주' 로 쓰인다.

敎育部選定漢字

隷屬 (례속)	十耒聿聿肀肀隷隷 / 尸尸尸屈屬屬屬	예속: 지배나 지휘 아래 있음.	隷書(예서), 奴隷(노예), 屬性(속성), 金屬(금속)
吾等 (오등)	一丁五五吾吾吾 / 竹竹笁笁等等	오등: 우리. 우리들.	五人(오인), 吾兄(오형), 等級(등급), 等差(등차)
娛樂 (오락)	〈 夕 女 女 娱 娱 娱 娱 / 白 妇 婘 樂 樂 樂	오락: 쉬는 시간에 즐길 수 있는 놀이.	娛遊(오유), 娛嬉(오희), 音樂(음악), 樂觀(낙관)
傲慢 (오만)	亻亻亻伫伫傲傲 / 亻亻忄忄悍慢慢	오만: 잘난 체 하며 방자함.	傲氣(오기), 傲然(오연), 慢性(만성), 怠慢(태만)
汚染 (오염)	氵氵污污污 / 氵氵氵沈沈染染	오염: 더럽게 물듦.	汚名(오명), 汚辱(오욕), 染料(염료), 染色(염색)
五臟 (오장)	一丁五五 / 月旷旷胪臟臟臟	오장: 간장·심장·폐장·신장·비장.	五倫(오륜), 五輪(오륜), 臟器(장기), 五臟(오장)

 고사성어

榮枯盛衰(영고성쇠) 번영하여 성함과 시들하게 쇠잔함. (동)흥망성쇠(興亡盛衰).

五里霧中(오리무중) 멀리 낀 안개 속에서 길을 찾기 어려움과 같이, 무슨 일에 대하여 알 길이 없음을 일컫는 말.

寤寐不忘(오매불망) 자나 깨나 잊지 못하고 그리워 하는 마음.

90 敎育部選定漢字

烏鳥	´ ´ ŕ ŕ 戶 烏 烏 烏 ´ ŕ 冇 白 鳥 鳥 鳥 鳥	烏 鳥	烏 鳥	오조 : 까마귀와 새. 烏竹(오죽) 烏鷄(오계) 鳥類(조류) 鳥足(조족)
溫泉	` ; ; 氵 沪 沪 溫 溫 ´ ŕ ŕ 白 白 泉 泉	溫 泉	溫 泉	온천 : 목욕할 수 있는 온천수의 샘. 溫冷(온랭) 溫情(온정) 九泉(구천) 泉石(천석)
瓦屋	一 T 瓦 瓦 ¬ ¬ 尸 尸 屋 屋 屋 屋	瓦 屋	瓦 屋	와옥 : 기와로 지붕을 이는 집. 瓦石(와석) 瓦解(와해) 屋上(옥상) 家屋(가옥)
完了	´ ´ 宀 宀 宀 宇 完 ¬ 了	完 了	完 了	완료 : 어떤 일 따위를 완전히 마침. 完成(완성) 完全(완전) 滿了(만료) 修了(수료)
王妃	一 T 干 王 ㄑ ㄠ 女 女' 女' 妃	王 妃	王 妃	왕비 : 임금의 아내. 중전. 君王(군왕) 帝王(제왕) 大妃(대비) 皇妃(황비)
外勢	´ ク タ 外 外 一 + 扌 坴 圥 刲 埶 勢 勢	外 勢	外 勢	외세 : 밖이나 외국의 세력. 外國(외국) 外部(외부) 勢力(세력) 時勢(시세)
腰帶	) 丿 月 尸 胛 腰 腰 腰 一 十 卅 卅 带 帶 帶	腰 帶	腰 帶	요대 : 허리에 매는 혁대. 허리띠. 腰折(요절) 腰痛(요통) 紐帶(유대) 革帶(혁대)

상형문자 立 설 립   사람이 다리를 벌리고 땅 위에 곧게 서 있는 모양을 본떠서 만든 글자이다. 원래의 뜻은 '서다' 이다.

教育部選定漢字

遙拜	멀 요 / 절 배	遙拜	遙拜	요배: 연고가 있는 곳을 향한 절.	遙望(요망) 逍遙(소요) 拜禮(배례) 拜金(배금)
搖之	흔들 요 / 갈 지	搖之	搖之	요지: '요지부동(搖之不動)'의 반대말.	搖動(요동) 搖籃(요람) 之東(지동) 之次(지차)
浴室	목욕 욕 / 집 실	浴室	浴室	욕실: '목욕실(沐浴室)'의 준말.	沐浴(목욕) 浴湯(욕탕) 室長(실장) 居室(거실)
欲刺	바랄 욕 / 찌를 자	欲刺	欲刺	욕자: 바늘로 몸을 찌르듯 괴롭힘.	欲望(욕망) 欲求(욕구) 刺客(자객) 諷刺(풍자)
龍顔	용 룡 / 얼굴 안	龍顔	龍顔	용안: 임금의 얼굴.	龍飛(용비) 龍虎(용호) 顔色(안색) 厚顔(후안)
于歸	어조사 우 / 돌아올 귀	于歸	于歸	우귀: 혼인 후 신부가 처음 시집으로 감.	于今(우금) 于先(우선) 歸國(귀국) 歸鄕(귀향)

外柔內剛(외유내강) 겉으로 보기에는 부드러우나 속은 꿋꿋하고 강함.
樂山樂水(요산요수) 산을 좋아하고 물을 좋아함.
燎原之火(요원지화) 무서운 기세로 타는 벌판의 불길이라는 뜻으로, 미처 막을
　　　　　　　　　사이 없이 퍼지는 세력을 형용하는 말.
欲速不達(욕속부달) 일을 너무 속히 하려고 하면 할수록 그 뜻을 도리어 이루지
　　　　　　　　　못함을 이르는 말.

		ノ 冂 日 旦 呂 禺 愚 愚 ノ 人 ム 全 金 金' 金屯 鈍			우둔 : 어리석고 아둔함.	
愚	아둔할 우	愚	愚			愚弄(우롱)
						愚昧(우매)
鈍	무딜 둔	鈍	鈍			鈍感(둔감)
						鈍才(둔재)
		ノ 亻 亻 忄 但 俱 偶 偶 ノ 亻 亻 亻' 俨 伊 像 像			우상 : 숭배의 대상이 되는 것.	
偶	짝 우	偶	偶			偶發(우발)
						偶然(우연)
像	형상 상	像	像			銅像(동상)
						想像(상상)
		一 丆 万 百 眞 息 憂 憂 ニ 千 禾 利 秋 愁 愁 愁			우수 : 우울과 수심. 근심 걱정.	
憂	근심 우	憂	憂			憂慮(우려)
						憂患(우환)
愁	근심 수	愁	愁			鄕愁(향수)
						哀愁(애수)
		ノ 亻 亻 仃 佰 值 優 優 ノ 月 月 胖 胖 朕 勝 勝			우승 : 경기 등에서 첫째로 이김.	
優	넉넉할 우	優	優			優劣(우열)
						優待(우대)
勝	이길 승	勝	勝			勝負(승부)
						勝戰(승전)
		一 ナ 尤 尤 一 十 卄 甘 其 其 甚			우심 : 더욱 심함.	
尤	더욱 우	尤	尤			尤物(우물)
						尤妙(우묘)
甚	심할 심	甚	甚			甚亂(심란)
						極甚(극심)
		ノ ㇗ 二 牛 一 丅 ㄥ 丆 王 耳			우이 : 소의 귀.	
牛	소 우	牛	牛			牛角(우각)
						牛乳(우유)
耳	귀 이	耳	耳			耳目(이목)
						耳鳴(이명)
		丿 コ ㅋ 羽 羽 丨 ㄱ 刃 羽 驷 驲 翌 翼 翼			우익 : 새의 날개. 보좌하는 일.	
羽	깃 우	羽	羽			羽毛(우모)
						羽化(우화)
翼	날개 익	翼	翼			翼贊(익찬)
						翼善(익선)

상형문자 卜 점 복 　ㅏ ㅏ ㅏ

고대에는 거북의 껍질을 불로 가열하여 파열된 무늬모양으로 점을 쳤는데, 그 파열된 모양에서 나온 글자이다. '추측하다' '예상하다'의 뜻.

字	、宀宀宀字字	、宀宀宀宀宙宙		우주 : 천체를 포함한 광활한 공간.	宇下(우하)
宇宙	宇 宙	宇 宙			屋宇(옥우) 宙表(주표) 宙然(주연)
	一二牟车垂垂郵郵	一厂厂广庐虍遞遞		우체 : 서신물을 송달하는 업무.	郵票(우표)
郵遞	郵 遞	郵 遞			郵便(우편) 逮歸(체귀) 遞信(체신)
	フ又	丶冫氵沪沪況		우황 : '하물며'의 뜻으로 한자 음역.	又新(우신)
又況	又 況	又 況			況且(황차) 近況(근황) 狀況(상황)
	一二云云	丶亠言言訂訶謂謂		운위 : 일러말함.	云云(운운)
云謂	云 謂	云 謂			或云(혹운) 所謂(소위) 可謂(가위)
	立音音韵韵韻韻	一工工至至致致		운치 : 고상하고 우아한 풍치.	韻律(운률)
韻致	韻 致	韻 致			音韻(음운) 致賀(치하) 致謝(치사)
	一ナ広広広雄雄雄	一立亠产产辩辯		웅변 : 유창한 말로 조리있게 열변함.	雄辯(웅변)
雄辯	雄 辯	雄 辯			雄飛(웅비) 辯論(변론) 辯護(변호)

有名無實(유명무실) 이름뿐이고 실상은 없음.
類類相從(유유상종) 같은 것끼리 서로 왕래하며 사귐.
隱忍自重(은인자중) 괴로움을 참고 몸가짐을 조심함.
陰德陽報(음덕양보) 남 모르게 덕을 쌓은 사람은 뒤에 그 보답을 절로 받음.
陰風弄月(음풍농월) 맑은 바람과 밝은 달에 대하여 시를 읊으며 즐거이 놈.

元旦	一 二 テ 元　丨 冂 日 日 旦	원단 : 설날 아침. 정단	元帥(원수) 元祖(원조) 旦暮(단모) 旦夕(단석)
圓盤	丨 冂 冃 冋 冏 圊 圓　ノ 刀 爪 舟 舟 舟 盤	원반 : 원반던지기에 쓰는 운동기구.	圓卓(원탁) 圓熟(원숙) 盤石(반석) 基盤(기반)
遠征	一 土 キ 吉 吉 吉 袁 遠　ノ ケ 彳 彳 征 征 征	원정 : 경기·조사·탐험 등을 위해 감.	遠近(원근) 永遠(영원) 征伐(정벌) 征服(정복)
援助	一 扌 扌 扩 护 捋 捋 援　丨 冂 日 目 助 助	원조 : 식량·기술 따위로 도와줌.	援助(원조) 援護(원호) 助言(조언) 協助(협조)
原則	一 厂 厂 厈 盾 原 原　丨 冂 目 目 貝 則 則	원칙 : 사물의 근본이 되는 법칙.	原因(원인) 原料(원료) 法則(법칙) 準則(준칙)
怨恨	ク ゅ 夗 怨 怨 怨　丨 ト 忄 忄 忄 忄 恨 恨	원한 : 원통하고 한스러운 생각.	怨尤(원우) 宿怨(숙원) 餘恨(여한) 痛恨(통한)
違背	一 卜 커 쿠 韋 違 違　丨 ㅓ ㅋ ㅋ 北 北 背 背	위배 : 법령 등을 어기고 안지킴.	違例(위례) 違反(위반) 背信(배신) 背後(배후)

상형문자　夫　남편부　　大 夫 夫　바로 서 있는 남자의 정면 모습이다. 윗쪽의 짧은 가로획 성년이 된 남자가 비녀로 머리를 묶은 표시이고, '결혼한 남자'의 뜻이다.

緯線	씨 위 / 줄 선	緯線	緯線		ノ幺糸糸紅紂紆緯 / ノ幺糸糸紅紆線	위선 : 지구 적도와 평행한 남북의 선.	緯度(위도) / 經緯(경위) / 路線(노선) / 戰線(전선)
僞惡	거짓 위 / 악할 악	僞惡	僞惡		ノ亻亻化伶僞僞 / 一一一币丐亞亞惡惡	위악 : 일부러 악한 체 함.	僞裝(위장) / 僞善(위선) / 善惡(선악) / 惡行(악행)
胃炎	밥통 위 / 더울 염	胃炎	胃炎		丨冂門田田胃胃 / 丶丷火火炎炎	위염 : 위의 점막의 염증으로 인한 병.	胃腸(위장) / 胃壁(위벽) / 炎署(염서) / 炎症(염증)
偉容	위대할 위 / 얼굴 용	偉容	偉容		ノ亻亻仵仵偉偉偉 / 丶丶宀宀宍宍容容	위용 : 뛰어나게 훌륭한 용모나 모양.	偉業(위업) / 偉略(위략) / 容態(용태) / 寬容(관용)
委員	맡길 위 / 관원 원	委員	委員		一二千千禾委委 / 丶口口P吕員員	위원 : 단체 등에서 지명·선출된 사람.	委任(위임) / 委託(위탁) / 員外(원외) / 滿員(만원)
慰資	위로 위 / 재물 자	慰資	慰資		尸尸尸尉尉尉慰 / 丶丨冫次次咨資資	위자 : 위로하기 위한 자금이나 돈.	慰安(위안) / 弔慰(조위) / 資格(자격) / 資質(자질)

因人成事(인인성사) 남의 힘으로 일을 이룸.
仁者無敵(인자무적) 어진 사람에게는 적이 없음.
一擧兩得(일거양득) 한가지 일로 두 가지의 이득을 봄.
一騎當千(일기당천) 한 사람이 천 사람을 당해 냄. 곧 아주 힘이 강함을 비유함.
一網打盡(일망타진) 한 그물에 모두 다 두드려 잡음. 곧 한꺼번에 모조리 체포함.
一脈相通(일맥상통) 생각·처지·상태 등이 한 줄기로 서로 통함.

教育部選定漢字

ノ イ 亻 亻 伫 佇 位 位　　口 四 四 罒 罒 罨 置 置　　위치: 사물 따위가 일정하게 자리함.

位 자리 위	位	位				位階(위계)
置 둘 치	置	置				方位(방위)
						置重(치중)
						措置(조치)

ノ ク 七 产 务 危　　一 ア ヌ 歹 歼 歼 殆 殆　　위태: 형세·형편 따위가 어려운 지경.

危 위태할 위	危	危				危經(위경)
殆 위태 태	殆	殆				危篤(위독)
						殆半(태반)
						殆哉(태재)

厂 厂 厂 反 反 威 威 威　　フ ク 乃 办 孙 脅 脅　　위협: 으르고 협박함.

威 위엄 위	威	威				威勢(위세)
脅 으를 협	脅	脅				威嚴(위엄)
						脅迫(협박)
						脅制(협제)

ノ 亻 亻 亻 攸 攸 悠 悠　　ノ ク 久　　유구: 연대가 길고 오램.

悠 멀 유	悠	悠				悠然(유연)
久 오래 구	久	久				悠遠(유원)
						耐久(내구)
						持久(지구)

ノ 亻 亻 仁 俨 儒 儒 儒　　一 十 才 木 木 杜 材 林　　유림: 유교를 닦는 선비들.

儒 선비 유	儒	儒				儒學(유학)
林 수풀 림	林	林				儒生(유생)
						林野(임야)
						綠林(녹림)

幺 糸 糽 紉 紉 紆 絆 維　　丨 止 止 严 岁 歲 歲 歲　　유세: 제문·축문 따위에 쓰는 관용어.

維 이을 유	維	維				維新(유신)
歲 해 세	歲	歲				維持(유지)
						歲暮(세모)
						歲月(세월)

フ マ ユ 予 柔 柔 柔　　ノ 川 川 川 川 順 順 順　　유순: 성질이 부드럽고 온순함.

柔 온유 유	柔	柔				柔軟(유연)
順 순할 순	順	順				柔和(유화)
						順逆(순역)
						順風(순풍)

상형문자 分 나눌 분　　分 分 分　　칼로 하나의 물건을 반으로 가르는 모습이다. 글자의 뜻은 나누다 이다.

敎育部選定漢字

有耶	一ナ才有有有　一ΓΓFFF耳耳耶耶	有耶	有耶	유야: 있는 듯. 團 무야(無耶) 有能(유능) 有利(유리) 耶兮(야혜) 耶蘇(야소)
猶豫	ノノ犭犭犷犷猶猶　フマヌ予矛矛矛豫豫	猶豫	猶豫	유예: 결행하는 날짜나 시간을 미룸. 猶父(유부) 猶子(유자) 豫算(예산) 豫定(예정)
誘引	言言計訝訝誘誘　フ弓引	誘引	誘引	유인: 좋은 말로 일삼아 꾀어 냄. 誘導(유도) 誘惑(유혹) 引責(인책) 引力(인력)
唯一	口叮吖吖吖唯唯　一	唯一	唯一	유일: 오직 그 하나밖에 없음. 唯物(유물) 唯我(유아) 一括(일괄) 一致(일치)
遺跡	中虫書書貴遺遺　口무무무趵趵跡	遺跡	遺跡	유적: 선조가 남긴 유형의 자취나 자리. 遺憾(유감) 遺物(유물) 古跡(고적) 人跡(인적)
幼蟲	ノ幺幺幼　口中虫虫蚰蟲蟲	幼蟲	幼蟲	유충: 알에서 갓나온 어린 벌레. 幼年(유년) 幼兒(유아) 成蟲(성충) 害蟲(해충)

- 一目瞭然(일목요연) 첫눈에도 똑똑하게 알 수 있음.
- 一絲不亂(일사불란) 한 오라기의 실도 어지럽지 않음. 곧 질서가 정연하게 조금도 헝크러진 데나 어지러움이 없음.
- 一瀉千里(일사천리) 강물의 수세(收稅)가 빨라서 한 번 흘러 천리에 다다름. 곧 사물이 거침없이 속히 진행됨.
- 一視同仁(일시동인) 모두를 평등하게 보아 똑같이 사랑함.

幽 그윽할 유	幽	幽		丶亠亡玄玄	유현 : 못헤아릴 만큼 깊고 오묘함.	幽閉(유폐)
玄 뭇 륙	玄	玄				幽靈(유령)
						玄關(현관)
						玄黃(현황)
陸 육지 륙	陸	陸		一十土坤地地	육지 : 물에 덮이지 아니한 지구 표면.	陸戰(육전)
地 땅 지	地	地				離陸(이륙)
						地區(지구)
						地域(지역)
六 여섯 륙	六	六		竹竹竹竹篤篤篇	육편 : 다수의 책중 여섯 번째 책.	六書(육서)
篇 책 편	篇	篇				六章(육장)
						全篇(전편)
						前篇(전편)
輪 바퀴 륜	輪	輪		一亠古亨亨享郭郭	윤곽 : 일 따위의 대체적인 줄거리.	輪番(윤번)
郭 성 곽	郭	郭				輪作(윤작)
						城郭(성곽)
						外郭(외곽)
閏 윤달 윤	閏	閏		ノ刀月月	윤월 : 윤달. 윤년에 뜨는 달.	閏年(윤년)
月 달 월	月	月				月光(월광)
						月例(월례)
						月賦(월부)
潤 젖을 윤	潤	潤		丶冫氵沪沪澤澤	윤택 : 빛이 있는 광택. 물건이 풍족함.	潤氣(윤기)
澤 연못 택	澤	澤				潤滑(윤활)
						德澤(덕택)
						惠澤(혜택)
隆 성할 륭	隆	隆		十土丰走起起起	융기 : 높게 일어나 성함. 또는 그것.	隆盛(융성)
起 일어날 기	起	起				隆崇(융숭)
						起伏(기복)
						起業(기업)

상형문자 比 비할 비   두 사람이 앞뒤로 서 있는 모습이다. 본래의 뜻은 '나란히 서다'이며, '붙어 있다'의 뜻도 있다.

丨冂月月門因因恩恩 一丁丁功					은공 : 은혜와 공로.	
恩功	은혜 은 / 공로 공	恩功	恩功			恩惠(은혜) 報恩(보은) 功德(공덕) 功勞(공로)
亻亽今金釒釦釦銀銀 土圫圫坤坤塊塊塊					은괴 : 은덩어리. 은덩이.	
銀塊	은 은 / 은덩이 괴	銀塊	銀塊			銀賞(은상) 銀行(은행) 金塊(금괴) 塊炭(괴탄)
丨阝阝阝阝阠隱隱隱 艹艹艹荮荮荮蔽蔽					은폐 : 숨겨 가림. 감추어 덮음.	
隱蔽	숨을 은 / 가릴 폐	隱蔽	隱蔽			隱居(은거) 惻隱(측은) 蔽空(폐공) 掩蔽(엄폐)
乙 ´ ㄷ ㄷ 卯 卯					을묘 : 육십갑자의 쉰두째.	
乙卯	새 을 / 토끼 묘	乙卯	乙卯			乙丑(을축) 乙種(을종) 卯年(묘년) 卯生(묘생)
丿丿今今食食飮飮 丿ㅅ厷今今食食食					음식 : 먹고 마시는 것. 음식물.	
飮食	마실 음 / 먹을 식	飮食	飮食			飮料(음료) 飮酒(음주) 食堂(식당) 食事(식사)
丨阝阝阝阠陰陰 丨冂门阝阝阻阻陽陽					음양 : 음과 양. 음지와 양지.	
陰陽	그늘 음 / 볕 양	陰陽	陰陽			陰影(음영) 寸陰(촌음) 陽春(양춘) 陽地(양지)

- 一朝一夕(일조일석) 하루 아침 하루 저녁. 곧 짧은 시간의 비유.
- 一觸卽發(일촉즉발) 조금 건드리기만 해도 곧 폭발할 것 같은 위기에 직면하고 있는 형세.
- 日就月將(일취월장) 나날이 다달이 진전함.
- 一攫千金(일확천금) 힘 안 들이고 한꺼번에 많은 재물을 얻음.
- 臨機應變(임기응변) 그때 그때의 일의 형편에 따라서 융통성 있게 일을 처리함.

吟詠	吟詠	음영 : 시가를 읊음.	吟味(음미) 呻吟(신음) 詠歎(영탄) 詠歌(영가)
泣哭	泣哭	읍곡 : 소리내어 몹시 슬퍼 욺.	泣訴(읍소) 泣請(읍청) 哭聲(곡성) 痛哭(통곡)
凝固	凝固	응고 : 액체가 굳어져 고체로 변함.	凝結(응결) 凝血(응혈) 固體(고체) 確固(확고)
儀禮	儀禮	의례 : 형식을 갖춘 예의.	儀式(의식) 禮儀(예의) 禮式(예식) 禮節(예절)
義奮	義奮	의분 : 불의 앞에 의리로 일으키는 분노.	義理(의리) 義務(의무) 奮起(분기) 激奮(격분)
意思	意思	의사 : 무엇을 하려고 하는 생각이나 마음.	意慾(의욕) 意圖(의도) 思考(사고) 思想(사상)
醫院	醫院	의원 : 병원보다 규모가 작은 기관.	醫師(의사) 名醫(명의) 院落(원락) 退院(퇴원)

상형문자 火 불 화 — 불더미의 모양을 형상화 하여 그 윤곽선으로 표현한 것이다. '불'을 뜻한다.

教育部選定漢字

依托	의지할 의 / 부탁할 탁	ノイイ伫伫依依 一十才才扚托	의탁 : 남에게 맡기어 부탁함.	依賴(의뢰) / 依存(의존) / 委托(위탁) / 無托(무탁)
異狀	다를 이 / 형상 상	一冂日田田里里異 丨丬丬丬丬丬狀狀狀	이상 : 보통과는 다른 상태.	異常(이상) / 異性(이성) / 狀況(상황) / 狀態(상태)
而也	어조사 이 이끼 야	一丆丆而而 フ也也	이야 : 어조사 이(而)와 야(也).	而今(이금) / 而立(이립) / 也矣(야의) / 也乎(야호)
移讓	옮길 이 / 사양 양	一千千禾禾禾秱秱移移 亠亠言言言謹謹讓讓	이양 : 남에게 양보하여 넘겨 줌.	移徙(이사) / 移送(이송) / 讓渡(양도) / 讓步(양보)
已往	이미 이 / 갈 왕	一コ己 ノ彳彳彳彳行往往	이왕 : 지금보다 이전. 이왕에.	已決(이결) / 已甚(이심) / 往來(왕래) / 往臨(왕림)
梨花	배 리 / 꽃 화	一千千禾禾利利梨梨 一十十艹艹艹花花	이화 : 배나무의 꽃. 배꽃.	梨果(이과) / 梨園(이원) / 花草(화초) / 菊花(국화)

積如丘山(적여구산) 산과 같이 많이 쌓임.
適材適所(적재적소) 적당한 인재를 적당한 자리에 씀.
電光石火(전광석화) 번갯불과 부싯돌의 불. 곧 극히 짧은 시간이나 매우 빠른 동작을 이름.
前無後無(전무후무) 전에도 앞으로도 없음.
糟糠之妻(조강지처) 지게미와 겨를 먹은 아내, 곧 고생을 함께 하여 온 본처.

教育部選定漢字

漢字	訓音	筆順	이후 : 일정한 때로부터 뒤.
以後	써 이 / 뒤 후	丶乚以以 / 彳彳彳彳彳彳彳後後	以北(이북) / 以內(이내) / 後患(후환) / 後繼(후계)

인과 : 원인(原因)과 결과(結果).

因果 — 인할 인 / 과실 과 — 丨冂日因因 / 丨口曰甲果

原因(원인) / 敗因(패인) / 果樹(과수) / 結果(결과)

인내 : 고통과 괴로움을 참고 견딤.

忍耐 — 참을 인 / 견딜 내 — 刀刀刃忍忍忍 / 一厂厂厂而而耐耐

忍苦(인고) / 殘忍(잔인) / 耐久(내구) / 耐乏(내핍)

인륜 : 사람으로써 지켜야 할 도리.

人倫 — 사람 인 / 인륜 륜 — 丿人 / 亻亻伶伶伶倫倫

人間(인간) / 人生(인생) / 天倫(천륜) / 不倫(불륜)

인자 : 마음이 어질고 자애스러움.

仁慈 — 어질 인 / 사랑 자 — 丿亻仁仁 / 丷丷兹兹兹兹慈慈

仁德(인덕) / 仁義(인의) / 慈善(자선) / 慈悲(자비)

인접 : 이웃해 있음. 닿아 있음.

隣接 — 이웃 린 / 이을 접 — 阝阝阼阼阼阼隣隣 / 一十才扌扩扩护接接

隣近(인근) / 隣村(인촌) / 接近(접근) / 接續(접속)

인주 : 도장을 찍을 때의 붉은 재료.

印朱 — 도장 인 / 붉을 주 — 丶丨丨ㅏㅌ印印 / 丿二牛朱朱

印刷(인쇄) / 印紙(인지) / 朱顔(주안) / 朱黃(주황)

상형문자 絲 실 사 ⸙⸙ 絲 絲

두 묶음의 가는 실로 이루어진 글자다. 본래의 뜻은 '명주실'이며, 견직물을 가리키기도 한다.

敎育部選定漢字

姻戚	혼인 인 친척 척	丨 女 女 如 如 姁 姻 姻	一 厂 厂 戶 戶 戚 戚	인척 : 친가와 외가의 혈족.	姻兄(인형) 婚姻(혼인) 戚臣(척신) 親戚(친척)
壬戌	천간 임 개 술	一 二 千 壬	丿 厂 戌 戌 戌 戌	임술 : 육십갑자의 쉰아홉째.	壬申(임신) 壬辰(임진) 甲戌(갑술) 丙戌(병술)
賃借	임대 임 빌릴 차	丿 亻 仁 任 任 倩 賃 賃	丿 亻 亻 仕 供 供 借 借	임차 : 유료로 물건 따위를 빌려 씀.	勞賃(노임) 運賃(운임) 借用(차용) 借入(차입)
紫檀	자줏빛 자 박달 단	丨 止 止 止 紫 紫 紫	木 朩 朽 柿 楠 檀 檀 檀	자단 : 콩과의 상록 활엽 교목.	紫色(자색) 紫煙(자연) 檀君(단군) 檀家(단가)
姉妹	누이 자 누이 매	丨 女 女 女 妒 姁 姉	丨 女 女 女 奸 妌 妹	자매 : 손위 누이와 손아래 누이.	姉弟(자제) 姉兄(자형) 義妹(의매) 男妹(남매)
玆夷	이에 자 오랑캐 이	丷 丷 꺅 꺅 玆 玆 玆	一 丆 三 쿠 퉁 夷	자이 : 바다 거북이의 한 종류.	玆其(자기) 今玆(금자) 東夷(동이) 蠻夷(만이)

鳥足之血(조족지혈) 「새발의 피」라는 뜻으로 물건의 적음을 가리키는 말.
種豆得豆(종두득두) 콩을 심어 콩을 거둔다는 말로 원인에는 그에 따른 결과가 온다는 뜻.
坐井觀天(좌정관천) 우물에 앉아 하늘을 봄. 곧 견문(見聞)이 좁은 것을 가리키는 말. (동) 井中觀天(정중관천).

姿態	맵시 자 모양 태	姿態	姿態	자태 : 몸가짐과 맵시. 모양이나 모습. 姿色(자색) 雄姿(웅자) 態勢(태세) 形態(형태)
自暴	스스로 자 사나울 포	自暴	自暴	자포 : '자포자기(自暴自棄)'의 준말. 自他(자타) 自滅(자멸) 暴利(폭리) 暴風(폭풍)
恣行	방자할 자 다닐 행	恣行	恣行	자행 : 방자하게 행동함. 放恣(방자) 行動(행동) 品行(품행) 飛行(비행)
昨夢	어제 작 꿈 몽	昨夢	昨夢	작몽 : 지난밤에 자면서 꾼 꿈. 昨春(작춘) 昨今(작금) 夢想(몽상) 夢寐(몽매)
作爲	지을 작 할 위	作爲	作爲	작위 : 의도적으로 벌인 짓이나 행동. 作業(작업) 作品(작품) 爲主(위주) 營爲(영위)
暫間	잠깐 잠 사이 간	暫間	暫間	잠간 : '잠깐'의 원말. 暫留(잠류) 暫定(잠정) 間食(간식) 空間(공간)
潛航	잠길 잠 항해 항	潛航	潛航	잠항 : 물 속으로 잠기어서 항행함. 潛跡(잠적) 潛伏(잠복) 航空(항공) 航海(항해)

상형문자 死 죽을 사 — 글자의 왼쪽은 죽은 사람의 뼈이고, 오른쪽은 살아 있는 사람이 꿇어 앉아 애도하는 모습이다. 본 뜻은 '목숨을 잃다' 이다.

教育部選定漢字 105

				잡귀 : 온갖 못된 귀신.	
雜鬼	섞일 잡 / 귀신 귀	雜鬼	雜鬼		雜念(잡념) / 雜誌(잡지) / 鬼神(귀신) / 鬼才(귀재)
				장단 : 길고 짧음. 장점과 단점.	
長短	길 장 / 짧을 단	長短	長短		長久(장구) / 訓長(훈장) / 短期(단기) / 短點(단점)
				장벽 : 담과 벽. 방해물.	
牆壁	담장 장 / 장벽 벽	牆壁	牆壁		牆壁(장벽) / 牆外(장외) / 壁紙(벽지) / 壁報(벽보)
				장부 : 수지 계산 등을 기록한 책.	
帳簿	휘장 장 / 장부 부	帳簿	帳簿		通帳(통장) / 臺帳(대장) / 簿記(부기) / 名簿(명부)
				장사 : 기개와 체질이 굳센 사람.	
壯士	씩씩할 장 / 선비 사	壯士	壯士		壯途(장도) / 壯觀(장관) / 士氣(사기) / 士兵(사병)
				장수 : 군사를 지휘 통솔하는 장군.	
將帥	장수 장 / 거느릴 수	將帥	將帥		將來(장래) / 猛將(맹장) / 元帥(원수) / 統帥(통수)

晝耕夜讀(주경야독) 낮에는 농사일을 하고 밤에는 글을 읽음. 곧 바쁜 틈을 타서 어렵게 공부함.

走馬加鞭(주마가편) 달리는 말에 채찍질한다는 말로, 부지런하고 성실한 사람을 더 재촉함을 이르는 말.

走馬看山(주마간산) 달리는 말 위에서 산천을 구경함. 곧 바쁘고 어수선하여 무슨 일이든지 슬쩍 슬쩍 건성으로 봄.

106 敎育部選定漢字

漢字	훈음	쓰기	획순	뜻풀이	단어
裝飾	꾸밀 장 / 꾸밀 식	裝飾	裝: 丶丬壯壯壯裝裝裝 / 飾: 人人今今食食飾飾	장식: 실내 따위를 치장하여 꾸밈.	裝飾(장식) / 武裝(무장) / 假飾(가식) / 虛飾(허식)
莊園	장할 장 / 동산 원	莊園	莊: 艹艹艹艹艹艹莊莊 / 園: 丨冂門同周周園園	장원: 토지 소유의 한 형태.	莊重(장중) / 山莊(산장) / 園藝(원예) / 庭園(정원)
再臨	거듭 재 / 임할 림	再臨	再: 一冂冂币再再 / 臨: 丨冂卩卩卩卧卧臨	재림: 두 번째로 옴. 다시 내려옴.	再請(재청) / 再現(재현) / 臨迫(임박) / 臨時(임시)
栽培	심을 재 / 북돋울 배	栽培	栽: 十土耂圭未栽栽栽 / 培: 一十土圹圹垃培培	재배: 식물 따위를 심어서 기름.	栽植(재식) / 盆栽(분재) / 培養(배양) / 培土(배토)
財産	재물 재 / 낳을 산	財産	財: 丨冂冂目貝貝財財 / 産: 亠亠立产产产产産	재산: 경제적 가치가 있는 것.	財界(재계) / 財物(재물) / 産業(산업) / 生産(생산)
宰相	재상 재 / 서로 상	宰相	宰: 宀宀宀宇宰宰宰 / 相: 一十木相相相相	재상: 이품이상 벼슬의 통칭.	宰臣(재신) / 相似(상사) / 相應(상응) / 相逢(상봉)
災殃	재앙 재 / 재앙 앙	災殃	災: 巛巛巛巛災災 / 殃: 一厂歹歹殀殃殃	재앙: 천재지변으로 말미암은 참사.	災害(재해) / 災難(재난) / 水災(수재) / 殃禍(앙화)

상형문자 山 뫼 산  세 개의 나란히 있는 산봉우리의 모양을 본떠서 만든 글자이다. 원래의 뜻은 '육지 위에 높이 솟은 부분'이다.

한자	훈음					뜻풀이
在宅	있을 재 / 집 택	在宅	在宅			재택 : 집에 있음. 집이 있음.

在京(재경)
在庫(재고)
宅地(택지)
邸宅(저택)

| 抵觸 | 막을 저 / 닿을 촉 | 抵觸 | 抵觸 | | | 저촉 : 위반되거나 거슬림. |

抵當(저당)
抵抗(저항)
觸覺(촉각)
觸感(촉감)

| 貯蓄 | 쌓을 저 / 모을 축 | 貯蓄 | 貯蓄 | | | 저축 : 절약하여 재물 따위를 모음. |

貯金(저금)
貯炭(저탄)
蓄積(축적)
蓄財(축재)

| 滴露 | 물방울 적 / 이슬 로 | 滴露 | 滴露 | | | 적로 : 방울져 떨어지는 이슬. |

雨滴(우적)
點滴(점적)
露店(노점)
露出(노출)

| 寂莫 | 고요할 적 / 없을 막 | 寂莫 | 寂莫 | | | 적막 : 매우 고요하고 조용함. |

寂寞(적막)
靜寂(정적)
莫論(막론)
莫甚(막심)

| 摘示 | 딸 적 / 보일 시 | 摘示 | 摘示 | | | 적시 : 지적하여 제시함. |

摘發(적발)
摘要(적요)
示範(시범)
示唆(시사)

晝夜長川(주야장천) 밤낮 없이 늘 잇달아서. 언제나. 늘.

酒池肉林(주지육림) 술이 못을 이루고 고기가 숲을 이루었다는 뜻. 곧 호사가 극함에 달한 굉장한 술잔치를 두고 이르는 말.

竹馬故友(죽마고우) 어릴 때부터 같이 놀며 자란 벗. (동) 竹馬舊友(죽마구우). 竹馬之友(죽마지우).

108 教育部選定漢字

亠	咅	商	商	商適	ハ	宀	宁	宜	宜	적의 : 무엇을 하기에 알맞음.

適宜

- 맞을 적
- 마땅 의

適當(적당)
適用(적용)
宜當(의당)
宜合(의합)

一	十	土	耂	赤 赤	ハ	宀	宁	字		적자 : 수입보다 지출이 많은 것.

赤字

- 붉을 적
- 글자 자

赤道(적도)
赤色(적색)
字劃(자획)
字解(자해)

| 亠 | 咅 | 商 | 商 | 商敵敵 | 阝 | 阝' | 阿 | 陌 | 陣陣 | 적진 : 적의 진영. 적군의 진지. |

敵陣

- 원수 적
- 진칠 진

敵軍(적군)
敵意(적의)
陣營(진영)
陣容(진용)

| ノ | イ | 亻 | 伒 | 俥 俥 傳傳 | 一 | 十 | 土 | 寺 | 幸 幸達 | 전달 : 전하여 이르게 함. |

傳達

- 전할 전
- 이를 달

傳統(전통)
宣傳(선전)
發達(발달)
熟達(숙달)

| 丨 | 冂 | 田 | 田 | | 丨 | 扌 | 氺 | 杏 | 畓畓 | 전답 : 밭과 논. 논밭. |

田畓

- 밭 전
- 논 답

田園(전원)
田野(전야)
畓穀(답곡)
沃畓(옥답)

| 一 | 丆 | 百 | 亩 | 車車專專 | 丨 | 冂 | 冂 | 門 | 門門門 | 전문 : 오로지 한 가지 일을 전공으로 함. |

專門

- 오로지 전
- 문 문

專制(전제)
專力(전력)
大門(대문)
後門(후문)

| ノ | 入 | 今 | 全 | 全 | 一 | 十 | 卉 | 壹 | 車載載載 | 전재 : 전체의 글을 한꺼번에 게재함. |

全載

- 온전 전
- 실을 재

全滅(전멸)
穩全(온전)
記載(기재)
連載(연재)

상형문자 **象** 코끼리 상   코끼리의 긴 코와 거대한 몸집을 강조한 상형문자이다.

絶叫	끊을 절 / 짖을 규	絶叫	絶叫			절규	힘을 다해 부르짖음.

絶交(절교)
絶好(절호)
拒絶(거절)
叫喚(규환)

| 折斷 | 꺾을 절 / 끊을 단 | 折斷 | 折斷 | | | 절단 | 절충하여 단절함. 단절. |

折枝(절지)
折衝(절충)
斷折(단절)
斷乎(단호)

| 竊盜 | 도둑 절 / 도둑 도 | 竊盜 | 竊盜 | | | 절도 | 남의 재물을 몰래 훔침. |

竊取(절취)
剽竊(표절)
盜難(도난)
盜用(도용)

| 占據 | 점칠 점 / 의거할 거 | 占據 | 占據 | | | 점거 | 차지하여 자리를 잡음. |

占術(점술)
獨占(독점)
據點(거점)
雄據(웅거)

| 漸退 | 번질 점 / 물러날 퇴 | 漸退 | 漸退 | | | 점퇴 | 점점 퇴색하거나 쇠퇴함. |

漸次(점차)
漸進(점진)
退却(퇴각)
退勤(퇴근)

| 蝶泳 | 나비 접 / 헤엄칠 영 | 蝶泳 | 蝶泳 | | | 접영 | 두 손을 동시에 뻗치는 수영. |

蝶夢(접몽)
胡蝶(호접)
水泳(수영)
背泳(배영)

知己之友(지기지우) 서로 뜻이 통하는 친한 벗. (준) 知己(지기).

至緊至要(지긴지요) 더할 나위 없이 긴요함.

指鹿爲馬(지록위마) 중국 진(秦)나라의 조고(趙高)가 이세 황제(二世皇帝)에게 사슴을 말이라고 속이어 바친 일에서 유래된 말로써 웃사람을 속이고 권세를 거리낌없이 제 마음대로 휘두르는 것을 가리키는 말.

政府	정사 정 고을 부	政府	一丁下正正正政政　、一广广广府府府	정부 : 국정의 집행의 맡는 행정부.	政權(정권) 政治(정치) 府尹(부윤) 官府(관부)
丁巳	고무래 정 뱀 사	丁巳	一丁　　フコ己巳	정사 : 육십갑자의 쉰넷째.	丁亥(정해) 丁男(정남) 丁寧(정녕) 乙巳(을사)
情緒	뜻 정 실마리 서	情緒	丿忄忄忄忄情情情　ㄥㄠ幺糸糹紵緒緒	정서 : 생각이나 경험에 있어 온갖 감정.	情報(정보) 情熱(정열) 緒論(서론) 端緒(단서)
精誠	정할 정 정성 성	精誠	丷丬半米米粎精精　、一言言訪誠誠誠	정성 : 성의를 다해 보살피는 마음.	精密(정밀) 精巧(정교) 誠實(성실) 誠意(성의)
貞淑	곧을 정 맑을 숙	貞淑	丨卜卜占肯肯貞貞　氵氵汀汁沫沫淑淑	정숙 : 여자의 곧고 고운 행실.	貞操(정조) 貞順(정순) 淑女(숙녀) 賢淑(현숙)
頂芽	이마 정 싹 아	頂芽	一丁丁丁丁頂頂頂　一十艹艹芏芽芽	정아 : 식물의 지간의 맨 끝의 싹.	頂上(정상) 頂峯(정봉) 發芽(발아) 摘芽(적아)
井鹽	우물 정 소금 염	井鹽	一二丰井　卜臣臣臣臣臣臣鹽鹽鹽	정염 : 염분이 있는 지하수로 만든 소금.	井低(정저) 井欄(정란) 鹽田(염전) 食鹽(식염)

상형문자 明 밝을 명  낮의 해(日)와 밤의 달(月)을 합한 문자로 '밝다' 라는 뜻이다.

教育部選定漢字

停止	머무를 정 / 그칠 지	ノイ 仁 仨 停 停 停 / 1 ト止 止	停 止		정지 : 중도에서 멈추거나 그침.	停電(정전) 停滯(정체) 禁止(금지) 解止(해지)
淨化	깨끗할 정 / 될 화	丶 丷 氵 沪 浄 淨 淨 / ノイ 化 化	淨 化		정화 : 더러운 구석을 깨끗하게 함.	淨潔(정결) 潔白(결백) 化粧(화장) 化學(화학)
正確	바를 정 / 확실할 확	一 T F 正 正 / 一 T 石 矿 矿 矿 碑 確	正 確		정확 : 바르고 확실함.	正道(정도) 修正(수정) 確保(확보) 確認(확인)
祭壇	제사 제 / 단 단	' ク タ タ タ 祭 祭 / 十 扌 圹 圹 坢 壇 壇 壇	祭 壇		제단 : 제사를 지내는 단.	祭祀(제사) 祭典(제전) 文壇(문단) 敎壇(교단)
諸般	모두 제 / 일반 반	、 二 言 詝 諮 諮 諸 / ' 丿 月 舟 舟 舟 船 般	諸 般		제반 : 여러 가지. 모든.	諸君(제군) 諸賢(제현) 今般(금반) 全般(전반)
堤防	둑 제 / 막을 방	一 十 扌 圹 圻 坦 埣 堤 / 丶 阝 阝 阝 阣 防	堤 防		제방 : 홍수 등을 막기위해 쌓은 둑.	堤堰(제언) 防禦(방어) 防備(방비) 防犯(방범)

至誠感天(지성감천) 지극한 정성에 하늘이 감동함.
知彼知己(지피지기) 적의 내정(內政)과 나의 내정을 소상히 앎.
進退兩難(진퇴양난) 나아갈 수도 물러설 수도 없는 궁지에 빠짐.
進退維谷(진퇴유곡) 진퇴할 길이 끊어져 어찌할 수 없음. 궁지에 빠짐. (동) 進退兩難(진퇴양난)

	ノ ト ト 竹 竹 笃 第 第 一 二			제이 : 서열·차례 등에서 두 번째.	
第二	차례 제 두 이	第二	第二		及第(급제) 第三(제삼) 二番(이번) 二審(이심)
	、 亠 亣 亣 齊 齊 齊 齊 口 口 叩 明 唱 唱 唱			제창 : 여러 사람이 다같이 노래함.	
齊唱	정제할 제 노래할 창	齊唱	齊唱		齊家(제가) 唱劇(창극) 合唱(합창) 先唱(선창)
	ˇ ㇇ ㇏ 阝 阝` 阝˜ 除 除 ˊ ˊ 自 自 臭 臭 臭			제취 : 악취 등의 냄새를 없앰.	
除臭	덜 제 냄새 취	除臭	除臭		除去(제거) 排除(배제) 臭氣(취기) 體臭(체취)
	ˊ 片 制 制 製 製 製 丿 ㇒ ㇒ 片 片 版 版 版			제판 : 인쇄하기 위해 판을 만듦.	
製版	지을 제 조각 판	製版	製版		製造(제조) 製品(제품) 版畫(판화) 木版(목판)
	ˉ ㇏ 扌 扌 担 担 捍 提 ˉ ㇏ 扌 扌 扩 扩 推 攜 攜			제휴 : 기술 따위로 서로 도와 줌.	
提攜	들 제 이끌 휴	提攜	提攜		提供(제공) 提議(제의) 携帶(휴대) 携持(휴지)
	氵 氵 氵 泊 泊 淖 潮 潮 ˊ 氵 氵 汁 汁 泸 流			조류 : 시세의 경향이나 동향.	
潮流	조수 조 흐를 류	潮流	潮流		思潮(사조) 風潮(풍조) 流通(유통) 流浪(유랑)
	ˊ ㇀ ㇀ 伥 伩 俢 俢 條 一 ㇒ ㇏ 王 玕 珇 珇 理 理			조리 : 일의 앞뒤가 맞고 체계가 섬.	
條理	가지 조 이치 리	條理	條理		條件(조건) 條項(조항) 理論(이론) 理解(이해)

상형문자 宣 베풀 선

원래의 뜻은 '고대 재왕의 큰 궁실'이다. 대체로 커다란 집을 가리키며, '宀'은 궁실을 표시하고 '亘(뻗칠긍)'은 구름이 성기게 떠 있는 모습이다.

教育部選定漢字 113

弔喪	조상할 조 / 죽을 상	弔喪	弔喪	` ㄱ ㅋ 弔   一 十 ナ 冇 冊 冊 喪 喪 喪`	조상 : 남의 초상에 조의를 표함.	弔詞(조사) 弔哭(조곡) 喪服(상복) 喪輿(상여)
朝鮮	아침 조 / 고울 선	朝鮮	朝鮮	`十 古 古 卓 卓 朝 朝 朝   ク 石 缶 亀 魚 魚 鮮 鮮`	조선 : 우리 나라 상고시대부터의 이름.	朝刊(조간) 朝夕(조석) 鮮血(선혈) 生鮮(생선)
租稅	조세 조 / 세금 세	租稅	租稅	`' 二 千 禾 和 和 租   ' 二 千 禾 利 秒 秒 稅`	조세 : 국가가 거두어 들이는 수입.	租借(조차) 田租(전조) 稅金(세금) 稅法(세법)
早熟	일찍 조 / 익을 숙	早熟	早熟	`ㅣ 冂 日 日 旦 早   ' 亠 亯 亯 享 孰 孰 熟 熟`	조숙 : 나이에 비하여 성숙함.	早急(조급) 早速(조속) 熟考(숙고) 熟練(숙련)
操心	지조 조 / 마음 심	操心	操心	`ㅣ 扌 扌 ቻ 押 押 操 操 操   ' 心 心 心`	조심 : 실수가 없도록 마음을 씀.	操業(조업) 志操(지조) 心志(심지) 心慮(심려)
調整	고를 조 / 정돈할 정	調整	調整	`' 亠 言 訁 訂 訂 調 調   一 二 申 束 敕 敕 整 整`	조정 : 골라서 알맞게 정돈함.	調和(조화) 調査(조사) 整備(정비) 整理(정리)

天高馬肥(천고마비) 가을 하늘은 맑게 개어 높고 말은 살찐다는 뜻으로, 가을이 좋은 시절임을 이르는 말.

千慮一得(천려일득) 바보 같은 사람이라도 많은 생각 속에는 한 가지 쓸만한 것이 있다는 말. (반) 千慮一失(천려일실).

天方地軸(천방지축) ① 너무 바빠서 허둥지둥 내닫는 모양. ② 분별없이 함부로 덤비는 모양.

拙妻	拙妻	一 扌 扌 扌 扨 拙 拙　一 ㄱ ㅋ ㅋ 事 妻 妻 妻	졸처 : 자기 처를 겸손하게 이르는 말.	拙劣(졸렬) 拙作(졸작) 妻家(처가) 良妻(양처)
宗廟	宗廟	、 宀 宀 宁 宇 宗 宗　、 广 广 广 庐 庐 廟 廟	종묘 : 조선 시대 때 왕실의 사당.	宗家(종가) 宗敎(종교) 廟堂(묘당) 廟塔(묘탑)
終映	終映	丨 ㄠ ㄠ 糸 終 終 終　丨 冂 日 日 旷 映 映 映	종영 : 영화 따위의 상영이 끝남.	終末(종말) 臨終(임종) 映窓(영창) 映像(영상)
縱橫	縱橫	丨 ㄠ 糸 糸 紙 綎 縱　一 木 栌 栌 栌 橫 橫	종횡 : 세로와 가로.	縱隊(종대) 操縱(조종) 橫領(횡령) 橫財(횡재)
坐禪	坐禪	丿 ㄥ ㄠㅅ ㅆ ㅗ 坐 坐　、 ラ ネ ネ 礻 礻 禅 禪	좌선 : 가부좌로 앉아 참선함.	坐礁(좌초) 坐視(좌시) 禪門(선문) 參禪(참선)
左右	左右	一 ナ 左 左 左　丿 ナ ナ 右 右	좌우 : 왼쪽과 오른쪽.	左側(좌측) 左向(좌향) 右側(우측) 右翼(우익)
罪囚	罪囚	丨 冂 罒 罒 罒 罪 罪 罪　丨 冂 冈 囚 囚	죄수 : 죄가 있어 옥에 갇힌 사람.	罪惡(죄악) 罪悚(죄송) 囚人(수인) 獄囚(옥수)

상형문자 命 명령할 명

원래의 뜻은 '명령하다'이다. 지붕이 있는 자리에 한 사람이 앉아 있고, 앞의 '口'는 입으로 명령한다는 의미이다. 후에 '목숨' 등의 의미가 생겼다.

敎育部選定漢字

ノ 几 月 月 用 用 周 周 　一 ェ ェ 즈 즈 至 到 到					주도 : 주위가 빈틈없이 두루 미침.	
周到	두루 주 / 이를 도	周到	周到			周圍(주위) / 周邊(주변) / 到着(도착) / 到處(도처)
一 十 才 杧 朴 杵 株 　一 二 T 王 式 式					주식 : 주식회사 자본의 단위.	
株式	그루 주 / 법 식	株式	株式			株主(주주) / 株價(주가) / 式場(식장) / 式順(식순)
フ ヨ ヨ 聿 書 書 書 晝 　丶 亠 广 疒 疒 夜 夜					주야 : 밤낮으로 꼬박 하루. 밤낮.	
晝夜	낮 주 / 밤 야	晝夜	晝夜			晝間(주간) / 晝行(주행) / 夜間(야간) / 夜行(야행)
一 二 丁 王 王 珏 珠 　一 T 干 王 玉					주옥 : 구슬과 옥. 귀한 것을 비유.	
珠玉	구슬 주 / 구슬 옥	珠玉	珠玉			珠算(주산) / 明珠(명주) / 玉篇(옥편) / 玉石(옥석)
丶 氵 氵 氵 汁 注 注 　丶 氵 氵 氵 沺 油 油					주유 : 기름을 치거나 넣음.	
注油	물댈 주 / 기름 유	注油	注油			注釋(주석) / 注射(주사) / 油類(유류) / 油田(유전)
人 全 金 鉎 鐘 鑄 鑄 鑄 　ノ ヒ 牛 生 告 告 告 造					주조 : 쇠를 녹여서 기물을 만듦.	
鑄造	주조할 주 / 지을 조	鑄造	鑄造			鑄物(주물) / 鑄貨(주화) / 造作(조작) / 造化(조화)

天涯地角(천애지각) 하늘의 끝과 땅의 한 귀퉁이라는 뜻으로, 서로 멀리 떨어져 있음을 가리키는 말. (준) 天涯(천애)

天壤之判(천양지판) 하늘과 땅의 차이처럼 엄청난 차이. (동)天壤之差(천양지차).

天衣無縫(천의무봉) ① 천녀(天女)의 옷은 솔기 따위에 인공(人工)의 흔적이 없다는 뜻으로, 시가(詩歌) 따위의 기교(技巧)에 흠이 없이 완미(完美)함을 이룸. ② 완전 무결하여 흠이 없음을 뜻함.

`、一二宁主` `ノ亻亻伊伊伊俨催` 　주최 : 행사 따위를 주장하여 엶.

| 主催 | 주인 주
재촉할 최 | 主
催 | 主
催 | | | 主客(주객)
主觀(주관)
催眠(최면)
催淚(최루) |

`、ミ氵氵沔沔洒洒酒` `、ミ氵沪沪渭渭湯` 　주탕 : 술집에서 안주로 쓰는 술국.

| 酒湯 | 술 주
끓일 탕 | 酒
湯 | 酒
湯 | | | 酒量(주량)
酒類(주류)
溫湯(온탕)
浴湯(욕탕) |

`、ソ丬州州州` `日且早県県縣縣縣` 　주현 : 옛날 지방의 행정 단위인 주현.

| 州縣 | 고을 주
매달 현 | 州
縣 | 州
縣 | | | 州境(주경)
慶州(경주)
縣令(현령)
縣監(현감) |

`兴芦芮莳尊尊遵` `、ミ氵汁法法法` 　준법 : 법령 따위를 잘 지킴.

| 遵法 | 따를 준
법 법 | 遵
法 | 遵
法 | | | 遵守(준수)
遵行(준행)
法領(법령)
法則(법칙) |

`ノ亻亻伊伊伊俊俊` `ノ二千禾禾秀秀` 　준수 : 재주와 슬기가 남달리 뛰어남.

| 俊秀 | 준걸 준
빼어날 수 | 俊
秀 | 俊
秀 | | | 俊傑(준걸)
秀才(수재)
秀麗(수려)
優秀(우수) |

`、ロロ中` `、ロロ央央` 　중앙 : 사방의 한 가운데.

| 中央 | 가운데 중
가운데 앙 | 中
央 | 中
央 | | | 中立(중립)
中堅(중견)
中部(중부)
中止(중지) |

`フユヨ日艮即即` `、一六亣亣効効效` 　즉효 : 즉시 나타나는 효험.

| 卽效 | 곧 즉
본받을 효 | 卽
效 | 卽
效 | | | 卽決(즉결)
卽興(즉흥)
效果(효과)
效能(효능) |

| 상형문자 | 米 쌀 미 | ⺀⺀⺀ 米 米 | 흩어진 쌀알을 본떠서 만들어진 글자이며, 가운데의 가로선은 쌀을 넣는 용기의 가로막이를 나타낸다. 시간이 지나면서 가운데 부분이 '十' 자 모양이 되었다. |

教育部選定漢字 117

證券 증거 증 문서 권	丶 亠 言 言 証 證 證 證 證 券	丶 丷 ㄠ 丱 夬 券 券		증권 : 주식 따위의 유가 증권.	證明(증명) 證書(증서) 旅券(여권) 債券(채권)
曾孫 일찍 증 손자 손	曾 孫	曾 孫		증손 : 손자의 아들. 손자의 자녀.	曾祖(증조) 曾子(증자) 孫女(손녀) 孫子(손자)
贈與 줄 증 줄 여	贈 與	贈 與		증여 : 재산을 남에게 무상으로 양도함.	贈呈(증정) 寄呈(기증) 與黨(여당) 給與(급여)
枝幹 가지 지 줄기 간	枝 幹	枝 幹		지간 : 가지와 원줄기.	枝頭(지두) 枝葉(지엽) 幹部(간부) 幹事(간사)
指令 손가락 지 명령할 령	指 令	指 令		지령 : 관청에서 내리는 통지나 명령.	指揮(지휘) 指摘(지적) 令愛(영애) 令名(영명)
遲延 더딜 지 끌 연	遲 延	遲 延		지연 : 시간을 늦추거나 늦추어짐.	遲刻(지각) 遲參(지참) 延期(연기) 延長(연장)

千載一遇(천재일우) 천년에 한번 만남. 곧 좀처럼 얻기 어려운 좋은 기회.
天眞爛漫(천진난만) 꾸밈이나 거짓이 없는 천성 그대로의 순진함.
千篇一律(천편일률) ① 많은 사물이 변화가 없이 모두 엇비슷한 현상. ② 여러 시문(詩文)의 글귀가 거의 비슷하여 변화가 없음.
天下英才(천하영재) 하늘 아래의 뛰어난 재줏꾼. 곧 세상에 드문 뛰어난 재주를 가진 사람.

教育部選定漢字

志願	一十士志志志 / 一厂厂厂原原原原願願願	志願	志願	지원 : 뜻하여 바람. 바라서 원함.	志操(지조) / 志望(지망) / 祈願(기원) / 念願(염원)
支柱	一十亍支 / 一十才木才柱柱柱柱	支柱	支柱	지주 : 버팀대. 의지할 대상을 비유.	支給(지급) / 支拂(지불) / 柱石(주석) / 柱身(주신)
持參	一十才才才扩持持 / ㅅㅅㅆ쑤夾夾參參	持參	持參	지참 : 돈·물건 따위를 가지고 참석함.	持久(지구) / 持分(지분) / 參與(참여) / 參考(참고)
智慧	ㅅㅅ乍矢知知智智 / 三丰邦邦轄彗彗慧慧	智慧	智慧	지혜 : 슬기. 슬기로움.	智見(지견) / 智謀(지모) / 慧敏(혜민) / 慧眼(혜안)
震動	宀于乕乕乕霆震 / ノ스乍台白重重動動	震動	震動	진동 : 사물 따위가 흔들어 움직임.	震檀(진단) / 震源(진원) / 動作(동작) / 行動(행동)
陳腐	了阝阝阿阿陣陳陳 / 丶广广广府府府腐	陳腐	陳腐	진부 : 오래되어 케케묵고 낡음.	陳設(진설) / 陳述(진술) / 腐敗(부패) / 腐蝕(부식)
進展	亻亻亻什隹隹隹進進 / 一尸尸屈屏屏展展	進展	進展	진전 : 나아가며 진행하여 발전함.	進退(진퇴) / 進陟(진척) / 展覽(전람) / 展望(전망)

상형문자 尾 꼬리 미

한 사람의 꽁무니에 꼬리 모양의 장식을 붙인 모습이다. 옛날 사람들은 종족의 토템을 나타내기 위해서 춤을 추거나 잔치를 벌일 때 짐승을 흉내내기도 한 것에서 유래되었다.

ノ ト 亼 釒 釒 釘 鎮 鎮			丶 土 青 青 青 靜 靜 靜	진정 : 요란한 일이 가라앉아 조용함.	
鎮	진압할 진	鎮	鎮		鎭痛(진통)
					鎭壓(진압)
靜	고요 정	靜	靜		靜物(정물)
					靜肅(정숙)
一 † 扌 扩 护 拒 振 振			丶 口 巾 帄 帄 幅 幅 幅	진폭 : 진동하는 물체의 범위 폭.	
振	떨칠 진	振	振		振動(진동)
					振興(진흥)
幅	넓이 폭	幅	幅		步幅(보폭)
					全幅(전폭)
一 = Ŧ 王 王 珍 珍 珍			) 几 凡 凬 凨 風 風 風	진풍 : '진풍경(珍風景)'의 준말.	
珍	보배 진	珍	珍		珍奇(진기)
					珍味(진미)
風	바람 풍	風	風		風俗(풍속)
					風向(풍향)
ア F F ff ff 竹 質 質			一 † 才 木 朴 朴	질박 : 꾸밈이 없고 순수함.	
質	바탕 질	質	質		質責(질책)
					資質(자질)
朴	순박할 박	朴	朴		素朴(소박)
					淳朴(순박)
一 = Ŧ 禾 禾 秒 秩 秩			' 一 广 广 户 序	질서 : 사물의 조리, 또는 그 순서.	
秩	차례 질	秩	秩		秩俸(질봉)
					序論(서론)
序	차례 서	序	序		序數(서수)
					序列(서열)
一 + 土 吉 幸 幸 幸 執 執			フ 刀	집도 : 수술·해부를 하기 위해 칼을 잡음.	
執	잡을 집	執	執		執脈(집맥)
					執念(집념)
刀	칼 도	刀	刀		果刀(과도)
					短刀(단도)

青雲萬里(청운만리) 푸른 구름 일만 리. 곧 원대한 포부나 높은 이상을 이르는 말.

鐵石肝腸(철석간장) 매우 굳센 지조를 가리키는 말.

青出於藍(청출어람) 쪽에서 나온 푸른 물감이 쪽보다 더 푸르다는 뜻으로, 제자가 스승보다 낫다는 말. (준) 出藍(출람).

草綠同色(초록동색) 풀의 푸른 빛은 서로 같음. 곧 같은 처지나 같은 유의 사람들은 서로 같은 처지나 같은 유의 사람들끼리 어울림을 이름.

敎育部選定漢字

懲役	징계 징 / 부릴 역	懲役		彳 徉 徨 徨 徵 懲 懲 / 丿 彳 孑 孔 役 役	징역 : 기결수를 감옥에 가둠.	懲戒(징계) / 懲罰(징벌) / 苦役(고역) / 主役(주역)
徵表	부를 징 / 거죽 표	徵表		丿 彳 彳 徉 徵 徵 徵 / 一 十 土 主 耒 耒 表 表	징표 : 다른 사물과 구별하여 특징지움.	徵兆(징조) / 徵候(징후) / 表示(표시) / 表情(표정)
差押	어긋날 차 / 수결둘 압	差押		丷 䒑 䒑 羊 差 差 差 / 一 丆 才 扌 打 押 押	차압 : 압류(押留)의 구용어.	差額(차액) / 差等(차등) / 差別(차별) / 押收(압수)
此際	이 차 / 즈음 제	此際		一 一 止 止 此 此 / 丨 卩 阝 阝 阡 阡 陉 際	차제 : 이 즈음. 이 기회.	此期(차기) / 此後(차후) / 際會(제회) / 交際(교제)
捉來	잡을 착 / 올 래	捉來		一 丆 才 扌 扌 护 捉 / 一 丆 厂 厷 夾 來 來	착래 : 붙잡아 옴. 붙들려 옴.	捉送(착송) / 捉去(착거) / 來日(내일) / 來週(내주)
錯誤	그를 착 / 그릇 오	錯誤		人 合 全 金 金 針 鉬 錯 / 丶 一 言 言 訁 誤 誤 誤	착오 : 착각으로 인한 잘못.	錯覺(착각) / 錯雜(착잡) / 誤判(오판) / 誤解(오해)
讚辭	기릴 찬 / 말씀 사	讚辭		丶 亠 言 言 詩 諧 讚 讚 / 一 丷 肏 肏 肏 辭 辭	찬사 : 칭찬하는 말이나 글.	讚美(찬미) / 讚頌(찬송) / 辭任(사임) / 辭絕(사절)

상형문자 宿 잘 숙

원래의 뜻은 '자다' 이다. 집 안에 한 사람이 자리를 깔고 누워서 자고 있는 모습을 본떠서 만든 글자이다.

教育部選定漢字

慙 부끄럼 참	一 𠃍 亘 車 軒 斬 斬 斬 慙 慙 / 一 十 土 圠 圬 坤 坤 塊 塊 塊	慙	慙	참괴 : 양심에 부끄러워함.	慙悔(참회) 愧色(괴색)
愧 부끄럼 괴		愧	愧		愧恥(괴치) 羞愧(수괴)
慘 슬플 참	丨 丬 忄 忄 怜 忡 慘 慘 / 丶 亠 广 庐 虎 虏 虘 劇	慘	慘	참극 : 참혹하게 벌어진 일이나 사건.	慘事(참사) 慘狀(참상)
劇 심할 극		劇	劇		劇團(극단) 劇藥(극약)
倉 창고 창	丿 人 𠆢 今 今 今 倉 倉 / 丶 亠 广 广 庐 庐 庐 庫	倉	倉	창고 : 물건 따위를 저장·보관하는 곳.	穀倉(곡창) 金庫(금고)
庫 창고 고		庫	庫		入庫(입고) 文庫(문고)
創 비로소 창	丿 人 𠆢 今 今 倉 倉 倉 創 / 丶 亠 ナ 礻 礻 社 社	創	創	창사 : 처음 회사를 설립함.	創立(창립) 創造(창조)
社 모일 사		社	社		社員(사원) 社會(사회)
蒼 푸를 창	丨 丬 卝 艾 艾 产 芩 蒼 / 丿 𠆢 𠂉 牟 金 釒 釠 鉛 鉛	蒼	蒼	창연 : 붉은 빛의 푸른 금속 원소.	蒼天(창천) 蒼茫(창망)
鉛 납 연		鉛	鉛		蒼空(창공) 亞鉛(아연)
窓 창 창	丶 宀 宀 灾 空 窓 窓 / 丶 ㇀ 戶 戶	窓	窓	창호 : 창과 문을 아울러 이르는 말.	窓門(창문) 同窓(동창)
戶 지게 호		戶	戶		戶主(호주) 戶當(호당)

고사성어

初志一貫(초지일관) 처음 품은 뜻을 한결같이 꿰뚫음.

寸鐵殺人(촌철살인) 작고 날카로운 쇠붙이로 살인을 한다는 뜻으로, 짤막한 경구(警句)로 사람의 마음을 찔러 감동시킴을 가리키는 말.

春風秋雨(춘풍추우) 봄철에 부는 바람과 가을에 내리는 비. 곧 지나가는 세월을 가리키는 말.

忠言逆耳(충언역이) 정성스럽고 바르게 하는 말은 귀에 거슬림.

漢字	훈음	쓰기	필순	뜻풀이	단어
暢懷	화창할 창 / 품을 회	暢懷	丨口日申帕帕暢暢　丨忄忄忙忙愾愾懷懷	창회 : 맺혔던 것을 시원하게 회포를 품.	暢達(창달) / 流暢(유창) / 懷抱(회포) / 懷古(회고)
菜蔬	나물 채 / 나물 소	菜蔬	一艹艹艾莱菜菜　一艹艹荒荒荒蔬蔬	채소 : 온갖 푸성귀의 나물.	菜農(채농) / 菜食(채식) / 蔬果(소과) / 蔬食(소식)
冊曆	책 책 / 책력 력	冊曆	丨冂冂冊冊　一厂厂厤厤曆曆	책력 : 해와 달을 측정하여 적은 책.	冊床(책상) / 冊子(책자) / 曆法(역법) / 曆學(역학)
天涯	하늘 천 / 물가 애	天涯	一二チ天　丶氵氵氵汀浐浐涯	천애 : 하늘의 가장자리 끝.	天賦(천부) / 天然(천연) / 天災(천재) / 涯際(애제)
踐履	밟을 천 / 밟을 리	踐履	丶口口呈呈践踐　一尸尸屉屟履	천리 : 어떤 일을 몸소 실천함.	踐約(천약) / 實踐(실천) / 履歷(이력) / 履行(이행)
淺酌	얕을 천 / 따를 작	淺酌	丶氵氵汁汁泼淺淺　一丆两两酉酌酌	천작 : 조용히 가볍게 술을 마심.	淺慮(천려) / 淺薄(천박) / 淺學(천학) / 酌定(작정)
賤妾	천할 천 / 첩 첩	賤妾	丨冂目貝貯賎賤　丶亠立产妾妾	천첩 : 천하게 남의 첩이 된 여자.	貴賤(귀천) / 微賤(미천) / 少妾(소첩) / 愛妾(애첩)

상형문자 : 降 내릴 강

글자의 왼쪽은 흙산의 모습이고 오른쪽은 아래를 향하고 있는 두 개의 발을 나타낸 것이다. 후에 '투항하다' '항복하다'의 뜻도 생겼다.

教育部選定漢字 123

鐵鋼	쇠철 쇠강철강	鐵鋼	鐵鋼		철강 : 기계 따위의 재료인 강철.
					鐵鎖(철쇄) 鐵道(철도) 鋼板(강판) 製鋼(제강)
徹底	관철할철 밑저	徹底	徹底		철저 : 투철하여 빈틈이 전혀 없음.
					透徹(투철) 底力(저력) 底意(저의) 海底(해저)
尖端	첨단첨 끝단	尖端	尖端		첨단 : 유행이나 시대사조의 맨 앞장.
					尖塔(첨탑) 尖銳(첨예) 端緖(단서) 端的(단적)
添附	더할첨 붙을부	添附	添附		첨부 : 원부에 첨가하여 덧붙임.
					添削(첨삭) 別添(별첨) 附着(부착) 附屬(부속)
淸掃	맑을청 쓸소	淸掃	淸掃		청소 : 깨끗하게 쓸고 닦음.
					淸明(청명) 淸潔(청결) 掃除(소제) 掃蕩(소탕)
聽衆	들을청 무리중	聽衆	聽衆		청중 : 강연·음악 따위를 듣는 군중.
					聽講(청강) 聽取(청취) 視聽(시청) 群衆(군중)

醉生夢死(취생몽사) 술에 취하듯 꿈을 꾸듯 흐리멍텅하게 한평생을 보냄.
治國平天下(치국평천하) 나라를 잘 다스리니 온 세상이 태평하게 됨.
七顚八起(칠전팔기) 일곱 번 넘어지고 여덟 번 일어남. 곧 실패를 무릅쓰고 분
　　　　　　　　　투함을 이르는 말.
他山之石(타산지석) 다른 산에서 나는 돌도 자기의 옥(玉)을 가는데 쓸 수 있다
　　　　　　　　는 뜻으로 다른 사람의 하찮은 언행일지라도 자기의 지덕(智德)을 닦는 데
　　　　　　　　도움이 된다는 말.

晴輝	갤 청 빛날 휘	晴輝	晴輝		ㅣ 日 旷 旷 晴 晴 晴 ' ㅗ ㅛ 米 米 粝 粝 桓 輝			청휘 : 맑고 화창한 날의 햇빛.		晴天(청천) 晴和(청화) 輝度(휘도) 輝煌(휘황)	
滯留	막힐 체 머무를 류	滯留	滯留		ㆍ ㆍ ㆍ 泄 泄 泄 滯 滯 ' ㄴ ㅂ ㅅ 幻 留 留 留			체류 : 먼 곳에 가서 오래 머물러 있음.		滯納(체납) 滯症(체증) 留保(유보) 抑留(억류)	
逮捕	잡을 체 잡을 포	逮捕	逮捕		ㄱ ㅋ ㅋ 兯 聿 肀 隶 逮 逮 一 † 扌 扌 折 捐 捕 捕			체포 : 죄인을 추적하여 붙잡음.		連逮(연체) 及逮(급체) 捕捉(포착) 捕獲(포획)	
抄本	베낄 초 근본 본	抄本	抄本		一 † 扌 扌 扚 抄 一 十 才 木 本			초본 : 원본의 부분을 베낀 문서 따위.		抄集(초집) 抄錄(초록) 根本(근본) 原本(원본)	
招聘	부를 초 부를 빙	招聘	招聘		一 † 扌 扌 扣 招 招 「 ㄕ 耳 耴 耴 聘 聘 聘			초빙 : 예를 갖추어 불러 맞아들임.		招待(초대) 招請(초청) 聘丈(빙장) 聘用(빙용)	
肖似	같을 초 같을 사	肖似	肖似		ㅣ ㅛ ㅛ 广 肖 肖 肖 ノ 亻 亻 仏 似 似			초사 : 얼굴이나 모양 따위가 비슷함.		肖像(초상) 不肖(불초) 恰似(흡사) 類似(유사)	
超逸	넘을 초 숨을 일	超逸	超逸		一 † 土 キ 走 起 超 超 ' ㄱ ㄶ ㄹ 免 免 逸			초일 : '초월(超越)'의 비슷한 말.		超過(초과) 超越(초월) 逸品(일품) 逸話(일화)	

상형문자 食 먹을 식

원래의 뜻은 '음식'이다. 글자의 모양은 뚜껑이 있는, 음식을 담는 그릇을 나타낸다. '먹다'의 뜻이고 '음식을 남에게 먹이다'라는 뜻으로 쓰일 때에는 '사'로 읽는다.

秒	초침초	秒	秒	초침: 시계의 초를 가리키는 침.	秒速(초속) 分秒(분초)
針	바늘침	針	針		方針(방침) 指針(지침)
燭	촛불촉	燭	燭	촉루: 초가 탈 때 흐르는 촛농.	燭臺(촉대) 華燭(화촉)
淚	눈물루	淚	淚		落淚(낙루) 紅淚(홍루)
促	재촉할촉	促	促	촉박: 기한이 바싹 가깝게 닥쳐옴.	督促(독촉) 催促(최촉)
迫	핍박박	迫	迫		迫頭(박두) 迫害(박해)
銃	총총	銃	銃	총검: 무기류의 총과 칼.	銃器(총기) 銃聲(총성)
劍	칼검	劍	劍		劍道(검도) 劍客(검객)
聰	귀밝을총	聰	聰	총명: 총기가 좋고 명민함.	聰慧(총혜) 聰氣(총기)
明	밝을명	明	明		明渡(명도) 明示(명시)
總	거느릴총	總	總	총재: 단체 따위에서 최고의 직위.	總計(총계) 總會(총회)
裁	마를재	裁	裁		裁可(재가) 決裁(결재)

探花蜂蝶(탐화봉접) 꽃을 찾아 다니는 벌과 나비라는 뜻에서, 여색에 빠지는 것을 가리는 말.

泰然自若(태연자약) 마음에 무슨 충동을 당하여도 듬직하고 천연스러웁고 의연한 태도를 이르는 말.

破顔大笑(파안대소) 얼굴빛을 부드럽게 하여 크게 웃음.

教育部選定漢字

最先	가장 최 / 먼저 선	最先	最先	一冂曰旦昌昂最最 / ㅣㅗㅛ生生先	최선 : 남보다 가장 앞지른 선두. 最良(최량) 最初(최초) 先頭(선두) 先生(선생)
秋菊	가을 추 / 국화 국	秋菊	秋菊	一千千禾禾禾秋秋 / 艹艹艹艻艻茾菊菊	추국 : 가을에 피는 국화. 秋冬(추동) 秋風(추풍) 菊花(국화) 黃菊(황국)
抽象	뽑을 추 / 코끼리 상	抽象	抽象	一丨扌扌扣抽抽抽 / ㄱㄱ夕夕冬冬冬象象	추상 : 일반적인 개념으로 파악함. 抽獎(추장) 抽籤(추첨) 象牙(상아) 象徵(상징)
追憶	쫓을 추 / 생각할 억	追憶	追憶	ㅣㅓㅓ自自追追 / ㅣㅓ忄忄忄憶憶憶	추억 : 지난 일들을 돌이켜 기억함. 追加(추가) 追悼(추도) 憶念(억념) 記憶(기억)
推薦	밀 추 / 드릴 천	推薦	推薦	一丨扌扌扌扩扩扩推 / 艹艹艹芦芦芦薦薦	추천 : 알맞은 사람을 천거함. 推算(추산) 推定(추정) 薦擧(천거) 薦望(천망)
縮小	줄 축 / 작을 소	縮小	縮小	ㅅ幺幺糸紵紵紵縮 / ㅣ小小	축소 : 줄여서 작아 짐. 또는 줄임. 減縮(감축) 萎縮(위축) 小數(소수) 小型(소형)
祝賀	빌 축 / 하례할 하	祝賀	祝賀	丶ㄱㅓ示示祀祀祝 / 丁力加加加智賀賀	축하 : 기쁘고 즐겁다는 뜻의 의사. 祝願(축원) 祝典(축전) 賀客(하객) 年賀(연하)

상형문자 昏 어두울 혼

글자의 모양은 태양이 사람의 팔뚝 높이 정도까지 떨어진 모습이다. 원래의 뜻은 '날이 저물 때' 이다. '어둡다' 등의 뜻으로 쓰인다.

教育部選定漢字

春香	一 = 三 𡗗 夫 夫 春 春 春 ノ 二 千 禾 禾 禾 香 香	春香	春香	춘향 : 봄의 향기. 성 춘향의 이름.	春夢(춘몽) 青春(청춘) 香氣(향기) 香水(향수)
衝突	ノ 彳 彳 彳 衎 術 衝 衝 ノ 八 宀 宀 宊 突 突 突	衝突	衝突	충돌 : 서로 맞부딪힘. 서로 맞섬.	衝擊(충격) 要衝(요충) 突發(돌발) 突出(돌출)
忠孝	ノ ロ ロ 中 中 忠 忠 忠 一 十 土 耂 耂 孝 孝	忠孝	忠孝	충효 : 나라에 충성함과 부모에게 효도.	忠臣(충신) 忠誠(충성) 孝行(효행) 孝誠(효성)
醉臥	一 厂 西 酉 酉 酉 酔 醉 丨 厂 臣 臣 臣 臥	醉臥	醉臥	취와 : 술에 취해 옆으로 누운 모습.	陶醉(도취) 心醉(심취) 臥龍(와룡) 臥病(와병)
就寢	一 古 古 京 京 京 就 就 就 ノ 宀 宀 宀 宁 宇 寢 寢	就寢	就寢	취침 : 잠자리에 듦. 잠을 잠.	就業(취업) 就任(취임) 寢室(침실) 寢臺(침대)
趣向	十 丰 丰 走 走 赳 趣 趣 趣 ノ 亻 冂 冂 向 向	趣向	趣向	취향 : 취미가 쏠리는 방향.	趣味(취미) 趣旨(취지) 向背(향배) 向學(향학)

破竹之勢(파죽지세) 대를 쪼개는 기세. 곧 막을 수 없게 맹렬히 적을 치는 기세.
平天下(평천하) 천하를 평정함.
布衣之交(포의지교) 선비 시절에 사귄 벗.
布衣寒士(포의한사) 벼슬길에 오르지 못한 선비.
表裏不同(표리부동) 마음이 음흉하여 겉과 속이 다름.

ト 止 止 齿 齿 齿 齒 齒 一 二 牙 牙			치아 : 이를 달리 부르는 말.	
齒牙	이 치 / 어금니 아	齒牙	齒牙	齒科(치과) 義齒(의치) 蟲齒(충치) 牙城(아성)
丶 冫 氵 汁 治 治 治 纟 幺 糸 糽 結 績 績 績			치적 : 나라·고을을 잘 다스린 공적.	
治績	다스릴 치 / 길쌈 적	治績	治績	治亂(치란) 治安(치안) 功績(공적) 成績(성적)
立 후 亲 亲 亲 親 親 親 ` 一 ㄎ 方 扩 於 族 族			친족 : 촌수가 가까운 겨레붙이.	
親族	친할 친 / 겨레 족	親族	親族	親睦(친목) 親戚(친척) 族譜(족보) 種族(종족)
一 七 宀 宀 宀 宀 宀 宀 寶 寶			칠보 : 바탕에 유리질의 유약을 바른 세공.	
七寶	일곱 칠 / 보배 보	七寶	七寶	七層(칠층) 七旬(칠순) 寶庫(보고) 寶物(보물)
丶 冫 氵 汁 汰 漆 漆 一 十 才 才 扩 板 板			칠판 : 분필로 글씨를 쓸 수 있는 판.	
漆板	옻칠 칠 / 판자 판	漆板	漆板	漆器(칠기) 漆黑(칠흑) 木板(목판) 鐵板(철판)
丿 亻 亻 亻 亻 侵 侵 口 四 田 畔 吟 哆 略 略			침략 : 침노하여 약탈함.	
侵略	범할 침 / 간략할 략	侵略	侵略	侵入(침입) 侵害(침해) 簡略(간략) 戰略(전략)
丶 冫 氵 沙 沈 口 四 甲 甲 里 黑 默 默			침묵 : 아무 말 없이 잠잠함.	
沈默	잠길 침 / 잠잠할 묵	沈默	沈默	沈沒(침몰) 沈澱(침전) 默想(묵상) 默認(묵인)

상형문자 聖 성인 성   원래의 뜻은 '총명한 사람' 이다. 글자의 모습은 '耳' '口' '人' 으로 이루어진다. 후에 '최고의 지혜와 도덕을 갖춘 사람' 을 가리키게 되었다.

敎育部選定漢字

					침병 : 머리 맡의 병풍. 머리병풍.
枕屛	베개 침 / 병풍 병	枕屛	枕屛		枕塊(침괴) 木枕(목침) 屛風(병풍) 彩倂(채병)
浸透	적실 침 / 통할 투	浸透	浸透		침투 : 스미어 젖어들음. 깊이 스며듦. 浸水(침수) 透過(투과) 透明(투명) 透徹(투철)
稱頌	일컬을 칭 / 기릴 송	稱頌	稱頌		칭송 : 칭찬하여 일컬음. 稱讚(칭찬) 稱號(칭호) 頌德(송덕) 頌詩(송시)
快哉	쾌할 쾌 / 어조사 재	快哉	快哉		쾌재 : '통쾌하다'고 하는 말. 快感(쾌감) 快晴(쾌청) 快活(쾌활) 哀哉(애재)
妥當	타협할 타 / 마땅 당	妥當	妥當		타당 : 사리에 맞아 마땅함. 妥協(타협) 妥結(타결) 當面(당면) 當時(당시)
墮落	떨어질 타 / 떨어질 락	墮落	墮落		타락 : 정도를 벗어나 나쁜 길로 빠짐. 墮胎(타태) 落葉(낙엽) 落伍(낙오) 落島(낙도)

風前燈火(풍전등화) 바람 앞에 켠 등불이란 뜻으로, 어떤 일이 매우 위급한 처지에 놓여 있음을 가리키는 말.

漢江投石(한강투석) 한강에 돌 던지기. 곧 애써도 보람 없음을 이르는 말.

含憤蓄怨(함분축원) 분함과 원망을 품음.

教育部選定漢字

한자	훈음	필순	예시
打盡	칠 타 / 다할 진	一 亅 扌 扌 打 / 一 ⺕ 聿 聿 聿 聿 畫 盡 盡	타진 : 미리 남의 뜻을 살펴봄. 打倒(타도) 打擊(타격) 打破(타파) 盡力(진력)
卓越	뛰어날 탁 / 넘을 월	⺊ ⺊ 占 占 卓 卓 / 一 ⼟ ⺧ ⾛ 走 走 赳 越 越 越	탁월 : 월등하게 남달리 뛰어남. 卓論(탁론) 卓上(탁상) 越權(월권) 超越(초월)
炭鑛	숯 탄 / 쇳돌광	山 山 屵 屵 炭 炭 / 金 鈩 鉲 鉎 鏥 鑛 鑛	탄광 : 석탄을 캐어 내는 광산. 炭田(탄전) 塗炭(도탄) 鑛山(광산) 鑛石(광석)
彈丸	탄알 탄 / 둥글 환	弓 弓 弝 彈 彈 彈 / 九 九 丸	탄환 : 총기류의 실탄. 총에 넣는 실탄. 彈琴(탄금) 爆彈(폭탄) 丸藥(환약) 丸劑(환제)
貪吏	탐할 탐 / 관리 리	人 今 今 含 含 貪 貪 / 一 ㄷ 币 吏 吏 吏	탐리 : 재물에 탐을 내는 관리. 貪財(탐재) 貪慾(탐욕) 官吏(관리) 汚吏(오리)
探候	찾을 탐 / 기후 후	扌 扌 扌 扌 探 探 / 亻 亻 亻 俨 俨 候 候	탐후 : 남의 안부 따위를 물음. 探索(탐색) 探査(탐사) 候補(후보) 氣候(기후)
太祖	클 태 / 조상 조	一 ナ 大 太 / 礻 礻 礻 初 祖 祖	태조 : 한 왕조를 일으킨 첫 임금. 太古(태고) 太陽(태양) 祖業(조업) 祖國(조국)

상형문자 羊 양 양 — 정면에서 본 양의 머리 모양으로 두 뿔이 아래로 구부러졌고 아래는 뾰족한 입이 있는 모양이다.

敎育部選定漢字

泰平 태평할 태 평평할 평	一三声夫表泰泰 一厂厂平 泰平 泰平		태평 : 나라가 안정되고 평안함.	泰斗(태두) 泰然(태연) 平凡(평범) 平均(평균)
怠忽 게으를 태 홀연 홀	스ム台台台怠怠 '勹勿勿忽忽忽 怠忽 怠忽		태홀 : '태만(怠慢)'의 비슷한 말.	怠慢(태만) 倦怠(권태) 忽然(홀연) 忽待(홀대)
擇日 가릴 택 날 일	一寸扌扩押揮擇擇 丨冂日日 擇日 擇日		택일 : 좋은 날짜를 가리어 고름.	選擇(선택) 採擇(채택) 日沒(일몰) 日常(일상)
土壤 흙 토 흙 양	一十土 一土圹圹圹壤壤壤 土壤 土壤		토양 : 식물을 재배하는 땅. 흙.	土建(토건) 土地(토지) 擊壤(격양) 天壤(천양)
討賊 칠 토 도둑 적	亠늘言言計討 丨冂月貝貝財賊賊 討賊 討賊		토적 : 도적을 토벌함.	討論(토론) 討議(토의) 盜賊(도적) 逆賊(역적)
吐血 토할 토 피 혈	丨口口叶吐 '仁白血血 吐血 吐血		토혈 : 피를 입으로 부터 토해 냄.	吐露(토로) 實吐(실토) 血氣(혈기) 血肉(혈육)

咸興差使(함흥차사) 이조 태조(太祖)가 선위(禪位)하고 함흥에 은퇴하여 있을 때, 태종(太宗)이 보낸 사신을 혹은 죽이고 혹은 잡아 가두어 돌려 보내지 아니한 고사(古事)에서 유래된 말로써, 한번 가기만 하면 깜깜 무소식이란 뜻으로, 심부름꾼이 가서 소식이 아주 없거나 회답이 더디 올때에 쓰는 말.

虛心坦懷(허심탄회) 마음 속에 아무런 사념 없이 품은 생각을 터놓고 말함.

賢母良妻(현모양처) 어진 어머니이면서도 또한 착한 아내.

乡 幺 幺 糸 糸 紵 紵 統		一 亠 亥 亥 壺 壺 壺 率				통솔 : 몰아서 거느리어 지도함.	
統	거느릴 통	統	統			統計(통계)	
率	거느릴 솔	率	率			統制(통제)	
						率先(솔선)	
						比率(비율)	
一 十 才 扌 扒 投 投		丶 犭 犭 犭 豻 豻 獄 獄				투옥 : 죄인을 감옥에 쳐넣음.	
投	던질 투	投	投			投入(투입)	
獄	감옥 옥	獄	獄			投資(투자)	
						獄苦(옥고)	
						監獄(감옥)	
一 十 牛 牜 牪 特 特 特		一 ァ 歹 歹 殀 殀 殊 殊				특수 : 보통 것과는 특별히 다름.	
特	특별 특	特	特			特級(특급)	
殊	다를 수	殊	殊			特別(특별)	
						殊恩(수은)	
						殊勳(수훈)	
丶 氵 氵 汀 沂 派 派		丶 口 中 虫 豊 豊 豊 遣				파견 : 임무를 주어 외지로 출장보냄.	
派	물갈래 파	派	派			派生(파생)	
遣	보낼 견	遣	遣			學派(학파)	
						遣外(견외)	
						遣奠(견전)	
一 ァ 石 石 矿 矽 破 破		ノ 仒 仐 金 釒 鉟 鉟 鏡 鏡				파경 : 깨진 부부관계로 이혼하는 것.	
破	깨질 파	破	破			破毀(파훼)	
鏡	거울 경	鏡	鏡			破壞(파괴)	
						面鏡(면경)	
						眼鏡(안경)	
丶 氵 氵 氵 沪 沪 波 波		ノ 丆 乃 及				파급 : 여파가 차차 다른 데로 미침.	
波	물결 파	波	波			波浪(파랑)	
及	미칠 급	及	及			波高(파고)	
						及落(급락)	
						普及(보급)	
一 十 才 扌 扐 扔 把		丶 宀 宀 宁 守 守				파수 : 경계하여 지킴. 또는 그 사람.	
把	잡을 파	把	把			把握(파악)	
守	지킬 수	守	守			把持(파지)	
						守備(수비)	
						守護(수호)	

상형문자 畵 그림 화

한 손으로 붓을 잡고 무늬의 그림을 그리는 모습을 본떠서 만들어졌다. 후에 그림 부분이 '田' 으로 바뀌었는데, 이것은 글자의 의미가 '논밭의 경계를 그린다' 는 것이었음을 의미한다.

教育部選定漢字

罷宴	파할 파 / 잔치 연	罷宴	罷宴	파연 : 연회를 중지하여 마침.	罷免(파면) / 罷業(파업) / 宴席(연석) / 宴會(연회)
播遷	뿌릴 파 / 옮길 천	播遷	播遷	파천 : 임금이 도성을 떠나 피신함.	播種(파종) / 播多(파다) / 遷都(천도) / 左遷(좌천)
八寸	여덟 팔 / 마디 촌	八寸	八寸	팔촌 : 삼종간의 촌수. 여덟 치.	八斤(팔근) / 八景(팔경) / 寸陰(촌음) / 寸鐵(촌철)
編隊	엮을 편 / 떼 대	編隊	編隊	편대 : 비행기 따위가 대형을 갖춤.	編織(편직) / 編入(편입) / 隊長(대장) / 隊員(대원)
便乘	편할 편 / 탈 승	便乘	便乘	편승 : 차 따위의 한 자리를 얻어 탐.	便宜(편의) / 簡便(간편) / 乘車(승차) / 乘客(승객)
片舟	조각 편 / 배 주	片舟	片舟	편주 : 작은 배. 조각배.	片面(편면) / 一片(일편) / 舟橋(주교) / 舟運(주운)

懸河口辯(현하구변) 흐르는 물과 거침없이 술술 나오는 말. (동) 懸河雄辯(현하웅변). 懸河之辯(현하지변).

螢雪之功(형설지공) 중국 진(晉)나라 차윤(車胤)이 반딧불로 글을 읽고 손강(孫康)이 눈빛으로 글을 읽었다는 고사에서 유래된 말로써, 갖은 고생을 하며 학문을 닦은 보람을 뜻함.

		ノイイ′伊伊偏偏	ノ厂广皮皮皮皮頗		편파: 한 쪽으로 치우쳐 불공평함.	
偏頗	기울 편 치우칠 파	偏 頗	偏 頗			偏食(편식) 偏愛(편애) 頗香(파향) 頗多(파다)
		广广庀庀庀廃廢廢	一十士产奋查垄棄		폐기: 폐지하여 버림.	
廢棄	폐할 폐 버릴 기	廢 棄	廢 棄			廢止(폐지) 廢刊(폐간) 棄却(기각) 拋棄(포기)
		ノ丿月月′肝肺肺	ノ丿月月′肊肊胞		폐포: 허파꽈리를 이르는 말.	
肺胞	허파 폐 태 포	肺 胞	肺 胞			肺臟(폐장) 肺炎(폐렴) 同胞(동포) 細胞(세포)
		ノ丨門門門閉閉	ノ人人合合會會會		폐회: 집회 또는 회의를 마침.	
閉會	닫을 폐 모을 회	閉 會	閉 會			閉鎖(폐쇄) 閉業(폐업) 會計(회계) 會議(회의)
		ノ今今今食食飽飽	丿月月′肊肊胪腹腹		포복: 배부르게 먹음. 많이 먹음.	
飽腹	배부를 포 배 복	飽 腹	飽 腹			飽食(포식) 飽滿(포만) 腹背(복배) 腹痛(복통)
		一十扌扌 打抱抱	扌扩扩扩擁擁擁		포옹: 가슴의 품에 안기고 껴안음.	
抱擁	안을 포 안을 옹	抱 擁	抱 擁			抱負(포부) 抱卵(포란) 擁立(옹립) 擁護(옹호)
		丶丶氵氵沂沂浦浦	一十才木木村村		포촌: 갯가에 있는 마을.	
浦村	물가 포 마을 촌	浦 村	浦 村			浦口(포구) 浦港(포항) 村長(촌장) 村落(촌락)

상형문자 **輿** 수레 여　舁 舁 舁

원래의 뜻은 '수레를 만드는 사람'으로, 수레바퀴 주위에 네 개의 손이 힘을 합쳐 수레를 만드는 모양이다. 후에 '수레'를 지칭하는 말이 되었고, '여러 사람'의 뜻이다.

				포함 : 사물 속에 넣거나 들어 있음.	
包含	쌀 포 / 머금을 함	包含	包含		包裝(포장) 包容(포용) 含憤(함분) 含蓄(함축)
				표구 : 병풍 따위를 꾸며 만드는 일.	
表具	거죽 표 / 갖출 구	表具	表具		表裏(표리) 表現(표현) 具備(구비) 具現(구현)
				풍확 : 푸짐하고 풍족한 수확.	
豊穫	풍년 풍 / 거둘 확	豊穫	豊穫		豊作(풍작) 豊饒(풍요) 收穫(수확) 秋穫(추확)
				피곤 : 심신이 지치어 고달픔.	
疲困	피곤 피 / 곤할 곤	疲困	疲困		疲勞(피로) 疲弊(피폐) 困境(곤경) 困難(곤란)
				피아 : 그와 나. 또는 저편과 이편.	
彼我	저 피 / 나 아	彼我	彼我		彼岸(피안) 彼此(피차) 我執(아집) 自我(자아)
				피폭 : 폭격을 받음.	
被爆	입을 피 / 폭발할 폭	被爆	被爆		被疑(피의) 被害(피해) 爆擊(폭격) 爆彈(폭탄)

糊口之策(호구지책) 가난한 살림에서 겨우 먹고 살아가는 방책.

虎視眈眈(호시탐탐) 범이 먹이를 노려봄. 곧 날카로운 눈초리로 가만히 기회를 노려보고 있는 모양.

浩然之氣(호연지기) ① 하늘과 땅 사이에 가득 차 있는 넓고 큰 원기(元氣). ② 도의에 뿌리를 박고 공평 정대하여 스스로 돌아보아 조금도 부끄럽지 않은 도덕적 용기.

教育部選定漢字

口田田田田田里畢　亠 立 产 音 音 竞 竟				필경 : 마침내. 결국에는.	畢納(필납) 畢生(필생) 竟夕(경석) 究竟(구경)
畢 竟	마칠필 마침내경	畢 竟	畢 竟		
ノ 丿 义 必 必　ノ 彡 纟 沥 須 須 須				필수 : 꼭 해야 하거나 있어야 함.	必死(필사) 必要(필요) 須要(수요) 須知(수지)
必 須	반드시필 반드시수	必 須	必 須		
一 丆 丆 百 百 頁 夏 夏　ノ ク 夂 冬 冬				하동 : 여름과 겨울.	夏季(하계) 夏至(하지) 冬服(동복) 冬寒(동한)
夏 冬	여름하 겨울동	夏 冬	夏 冬		
丶 丷 ⺍ 艹 荅 荅 荷 荷　ノ ㇏ ㇏ 牛 牜 物 物 物				하물 : 짐. 물건 따위의 뭉치.	荷物(하물) 出荷(출하) 物象(물상) 物議(물의)
荷 物	멜하 물건물	荷 物	荷 物		
一 丅 下　丨 冂 日 貝 貝 貝 賜 賜				하사 : 윗사람이 아랫사람에게 줌.	下級(하급) 下午(하오) 賜米(사미) 賜藥(사약)
下 賜	아래하 줄사	下 賜	下 賜		
丶 冫 氵 疒 汀 河 河　ノ 丿 川				하천 : 시내. 강.	河海(하해) 山河(산하) 川魚(천어) 川獵(천렵)
河 川	물하 내천	河 川	河 川		
亠 圥 冘 奞 寉 雀 鶴 鶴　丶 丷 丷 兯 产 首 首 首				학수 : 학처럼 목을 빼고 있다는 말.	鶴望(학망) 白鶴(백학) 首席(수석) 首都(수도)
鶴 首	학학 머리수	鶴 首	鶴 首		

상형문자 麥 보리 맥　　麥 麥 麥　보리 한 그루의 모양을 본떠서 만든 글자이다. 아랫부분은 본래 뿌리의 모양을 나타낸다.

教育部選定漢字

閑暇	한가할 한 / 한가할 가	丨 丨 丨 丨 門 門 閑 閑 / 丨 日 日' 旷 昨 晬 晬 暇	한가 : 겨를이 생기어 여유가 있음. 閑寂(한적), 農閑(농한), 休暇(휴가), 餘暇(여가)
寒暑	찰 한 / 더울 서	丶 宀 宀 宇 宙 寒 寒 / 丨 日 旦 昇 昇 暑 暑	한서 : 추위와 더위. 겨울과 여름. 寒氣(한기), 寒帶(한대), 暴暑(폭서), 避暑(피서)
漢詩	한수 한 / 시 시	氵 氵' 汁 洪 滢 漢 漢 / 亠 言 言 訁 訢 詩 詩	한시 : 한문으로 이루어진 시. 漢方(한방), 漢城(한성), 詩句(시구), 名詩(명시)
旱炎	가물 한 / 더울 염	丨 冂 冃 日 旦 旱 / 丶 丷 火 炎 炎 炎	한염 : 몹시 심한 더위. 旱雷(한뢰), 旱乾(한건), 炎威(염위), 炎症(염증)
汗蒸	땀 한 / 증기 증	丶 氵 氵 汗 / 丷 艹 艹 芖 芖 蒸 蒸	한증 : 한증막에 들어가 땀을 빼는 것. 冷汗(냉한), 發汗(발한), 蒸發(증발), 蒸氣(증기)
割賦	나눌 할 / 구실 부	丶 宀 宀 宔 害 害 割 / 丨 冂 目 貝 貝 貝' 貼 賦 賦	할부 : 금액을 여러 차례 나누어 냄. 割據(할거), 割愛(할애), 賦課(부과), 賦與(부여)

昏定晨省(혼정신성) 밤에 잘 때에 부모의 침소에서 가서 편히 주무시기를 여쭙고, 아침에 다시 가서 밤새의 안후를 살피는 일.

紅爐點雪(홍로점설) 빨갛게 달아오른 화로에 눈이 내리면 순식간에 녹아 버리고 만다는 말로, 큰 일을 함에 있어서 작은 힘이 아무런 보탬이 되지 못함을 비유하는 말.

紅顏少年(홍안소년) 나이가 젊고 얼굴이 곱게 생긴 남자.

敎育部選定漢字

陷沒	`ㄱ ㅏ ㅏ' ㅏ'' 陀 陷 陷` `' ㅡ ㅣ ㅣ' 沙 沒`			함몰 : 모짝 결단이 나서 없어짐.	陷落(함락) 缺陷(결함) 沒落(몰락) 沒收(몰수)
咸池	`一 厂 厂 后 咸 咸 咸` `' ㅡ ㅣ ㅣ' 池 池`			함지 : 해가 진다고 하는 큰 연못.	咸告(함고) 咸興(함흥) 池塘(지당) 電池(전지)
巷說	`一 十 井 井 共 恭 巷` `' ㅡ ㅑ 言 言' 計 說 說 說`			항설 : 거리에 떠도는 풍문. 소문.	巷談(항담) 巷間(항간) 說得(설득) 說明(설명)
恒速	`ㅣ ㅏ ㅏ' 忄 忄' 忙 恒 恒` `一 一 戸 市 束 束 束 速`			항속 : 일정한 속도.	恒常(항상) 恒久(항구) 速成(속성) 速行(속행)
海狗	`' ㅡ ㅣ ㅣ' 沙 汐 海 海 海` `' ㅓ ㅕ 犭 狗 狗 狗`			해구 : 주로 바다에서 사는 물개.	海運(해운) 海外(해외) 拘尾(구미) 走狗(주구)
奚琴	`' ㅠ ㅠ' 爫 爫' 乑 奚 奚` `一 ㅜ 王 王' 珏 琴 琴`			해금 : 우리 나라 민속 악기의 한 종류.	奚暇(해가) 奚特(해특) 大琴(대금) 彈琴(탄금)
該博	`' ㅡ ㅑ 言 計 訂 訪 該 該` `一 十 忄 忄' 恒 恒 博 博 博`			해박 : 여러 방면으로 학식이 넓음.	該當(해당) 博愛(박애) 博識(박식) 博學(박학)

상형문자 永 길 영

글자의 모양은 강물에서 물줄기가 갈라져 지류가 생기는 것을 본떠서 만들었다. 원래의 뜻은 '지류'이고, 지류가 있는 강은 매우 길어 '물이 길게 흘러간다'는 뜻이 생겼다.

한자	훈음	필순		뜻풀이	단어
解析	풀 해 쪼갤 석	解析	解析	해석 : 사물을 자세하게 풀어 분석함.	解放(해방) 解決(해결) 析出(석출) 分析(분석)
幸福	다행 행 복 복	幸福	幸福	행복 : 복되고 좋은 운수.	幸運(행운) 多幸(다행) 福德(복덕) 萬福(만복)
享祀	드릴 향 제사 사	享祀	享祀	향사 : 신이나 죽은 사람을 위로하는 의식.	享樂(향락) 享年(향년) 祭祀(제사) 合祀(합사)
許諾	허락할 허 허락 낙	許諾	許諾	: 허락 청하는 일을 들어 줌.	許容(허용) 許可(허가) 諾否(낙부) 受諾(수락)
軒擧	추녀끝 헌 들 거	軒擧	軒擧	헌거 : 풍채가 좋고 의기가 당당함.	軒燈(헌등) 軒頭(헌두) 擧論(거론) 擧行(거행)
革弊	가죽 혁 폐단 폐	革弊	革弊	혁폐 : 폐단을 고쳐서 없앰.	革政(혁정) 革命(혁명) 弊端(폐단) 弊習(폐습)

 고사성어

紅一點(홍일점) 왕형공(王荊公)의 석류시(石榴詩) 「만록총중홍일점(萬綠叢中紅一點)」에서 나온 말로써 푸른 잎 가운데 한 송이 붉은 꽃이 피어 있다는 뜻으로, 많은 남자들 사이에 끼어 있는 한 사람뿐인 여자를 가리키는 말.

畵龍點睛(화룡점정) 옛날 명화가(名畵家)가 용을 그리고 눈을 그려 넣었더니 하늘로 올라갔다는 고사에서 나온 말로 사물의 긴요한 곳을 이르는 말.

敎育部選定漢字

漢字	訓音			筆順	뜻풀이	熟語
懸隔	매달 현 / 막힐 격	懸隔		懸: 日田甼県県県懸懸 / 隔: 了阝阝阿隔隔隔	현격 : 차이가 매우 심함.	懸案(현안) / 懸賞(현상) / 隔日(격일) / 隔差(격차)
顯著	나타날 현 / 지을 저	顯著		顯: 口日昂昂晏晏顯 / 著: 丶丷꺕꺕꺕著著	현저 : 뚜렷이 드러남.	顯達(현달) / 著述(저술) / 著名(저명) / 著作(저작)
賢哲	어질 현 / 밝을 철	賢哲		賢: 丨丨ᄐ臣臤賢賢 / 哲: 一扌扌扩折折哲哲	현철 : 어질고 사리에 밝은 사람.	賢明(현명) / 賢良(현량) / 哲人(철인) / 哲學(철학)
嫌疑	의심할 혐 / 의심 의	嫌疑		嫌: 〈 〈 女女 娢婷嫌 / 疑: ヒ ヒ 문뜦뜦疑疑	혐의 : 범죄를 저질렀으리라는 의심.	嫌忌(혐기) / 嫌惡(혐오) / 疑心(의심) / 疑惑(의혹)
協贊	도울 협 / 찬성 찬	協贊		協: 一十十圹协協協 / 贊: 一뀨夫夫垪替赞贊	협찬 : 찬동하여 협력하고 도움.	協助(협조) / 協議(협의) / 贊頌(찬송) / 贊成(찬성)
形局	형상 형 / 판 국	形局		形: 一二干开形形形 / 局: ユ ㄱ 尸 局局局	형국 : 일이 벌어진 형편이나 형국.	形式(형식) / 形便(형편) / 局長(국장) / 支局(지국)
刑罰	형벌 형 / 벌줄 벌	刑罰		刑: 一二干开开刑 / 罰: 口罒罒罒罰罰罰	형벌 : 범죄에 대한 제재를 가함.	刑期(형기) / 刑事(형사) / 罰金(벌금) / 罰則(벌칙)

상형문자 玉 구슬 옥   丰 王 王

글자의 모양은 끈으로 세 개의 구슬을 꿴 것이다. 가로획 세 와 수직선 하나로 이루어져 '왕' 자와 비슷하나 '玉'은 가로획 셋의 간격이 일정하고 '王'은 그렇지 않다. 한나라 이후에 점이 더하여졌다.

教育部選定漢字

螢雪	반딧불 형 / 눈 설	螢雪	螢雪	˚ ⺾ ⺾ ⺾ 炏 熒 螢 螢　一 厂 币 币 乕 乕 雪 雪	형설 : 고난 속에서 학문을 닦음.

螢光(형광)
螢案(형안)
雪景(설경)
雪峰(설봉)

兄弟	맏 형 / 아우 제	兄弟	兄弟	丨 ㄇ ㅁ 尸 兄　˙ ˙ ˙ 丷 弟 弟 弟	형제 : 형과 아우. 동기.

兄夫(형부)
兄嫂(형수)
弟嫂(제수)
子弟(자제)

亨通	형통할 형 / 통할 통	亨通	亨通	ˊ ˋ 亠 古 古 亨　ˇ ˇ ㄱ ㄱ 甬 甬 通	형통 : 모든 것이 뜻대로 잘 되어감.

亨嘉(형가)
亨途(형도)
通報(통보)
通話(통화)

豪傑	호걸 호 / 호걸 걸	豪傑	豪傑	ˊ ˋ 亠 古 高 高 豪 豪　亻 亻 伫 佟 佟 傑 傑	호걸 : 지혜·기개 등이 뛰어난 사람.

豪飮(호음)
豪言(호언)
傑物(걸물)
傑作(걸작)

浩氣	넓을 호 / 기운 기	浩氣	浩氣	ˋ ˇ ˇ ˇ 汁 汁 浩　丿 ㅌ 气 气 氛 氣 氣	호기 : 호연한 기운. 호연지기.

浩大(호대)
浩然(호연)
氣槪(기개)
氣勢(기세)

胡亂	오랑캐 호 / 난리 란	胡亂	胡亂	一 十 十 古 古 胡 胡　ˊ ㅅ ㅆ ㅁ 胥 胥 亂	호란 : 오랑캐들로 인해 일어난 병란.

胡蝶(호접)
胡地(호지)
亂世(난세)
亂動(난동)

花無十日紅(화무십일홍) 열흘간 길게 가는 붉은 꽃이 없다는 뜻으로, 한번 성한 것이 얼마 가지 않아서 반드시 쇠하여짐을 이르는 말.

畵蛇添足(화사첨족) 뱀을 그리다가 실물에는 없는 발을 그려 넣어서 원모양과 다르게 되었다는 뜻으로 쓸데 없는 짓을 덧붙여 하다가 도리어 실패함을 가리키는 말. (준) 蛇足(사족)

142 敎育部選定漢字

好評	좋을 호 / 평가 평	好 / 評	호평 : 좋게 평판함. 좋게 비평함.	好感(호감) 好意(호의) 評價(평가) 評判(평판)
虎穴	범 호 / 구멍 혈	虎 / 穴	호혈 : 호랑이 굴. 적의 소굴.	虎口(호구) 虎視(호시) 穴深(혈심) 穴居(혈거)
互惠	서로 호 / 은혜 혜	互 / 惠	호혜 : 서로 끼치는 피차간의 은혜.	互角(호각) 相互(상호) 惠澤(혜택) 恩惠(은혜)
乎兮	어조사 호 / 어조사 혜	乎 / 兮	호혜 : 어조사 호(乎)와 혜(兮)자.	斷乎(단호) 嗟乎(차호) 來兮(내혜) 兮餘(혜여)
呼吸	부를 호 / 마실 흡	呼 / 吸	호흡 : 숨을 내쉬고 들어마시는 일.	呼出(호출) 呼訴(호소) 吸血(흡혈) 吸收(흡수)
或曰	혹 혹 / 가로 왈	或 / 曰	혹왈 : 어떤 사람이 말하는 바.	或時(혹시) 或是(혹시) 曰字(왈자) 子曰(자왈)
魂飛	넋 혼 / 날 비	魂 / 飛	혼비 : 넋이 날아간다는 말.	魂靈(혼령) 魂魄(혼백) 飛禽(비금) 雄飛(웅비)

상형문자 王 임금 왕

글자의 모양은 큰 도끼의 모양을 본떠서 만든 것으로 윗부분은 도끼의 자루이고, 아랫부분은 넓은 날이다. 즉, 실력과 권위의 상징으로 고대의 최고 통치자를 '王'이라고 부른다.

教育部選定漢字

⺡⺡汨汨洍洍混混 丶⺡氵沪沪沔濁濁		혼탁 : 맑지 아니하고 흐림.		
混濁	섞일 혼 / 흐릴 탁	混 濁	混 濁	混成(혼성) / 混同(혼동) / 濁流(탁류) / 濁酒(탁주)
𚫂𚫂𚫂𚫂糸糸紅紅 ⺊⺊⺊⺊尚尚常常裳裳		홍상 : 붉은 치마. 다홍치마.		
紅裳	붉을 홍 / 치마 상	紅 裳	紅 裳	紅顔(홍안) / 紅潮(홍조) / 衣裳(의상) / 羅裳(나상)
⺡⺡氵汁洪洪洪 𠄌𠂆才水		홍수 : 큰 물의 사태.		
洪水	넓을 홍 / 물 수	洪 水	洪 水	洪恩(홍은) / 水準(수준) / 水洗(수세) / 水産(수산)
⺡⺡氵汁沖洴鴻鴻 一厂厂厈厈雁雁雁		홍안 : 큰 기러기와 작은 기러기.		
鴻雁	기러기 홍 / 기러기 안	鴻 雁	鴻 雁	鴻恩(홍은) / 鴻益(홍익) / 雁信(안신) / 雁足(안족)
⺄⺄弓弘弘 ⺊ハ⺕⺕谷谷益益		홍익 : 매우 큰 이익.		
弘益	클 홍 / 더할 익	弘 益	弘 益	弘文(홍문) / 弘報(홍보) / 利益(이익) / 便益(편익)
⺊⺊⺊⺊丵丵菙華 丆丽严严麗麗麗麗		화려 : 빛나고 고움.		
華麗	빛날 화 / 고울 려	華 麗	華 麗	華燭(화촉) / 麗句(여구) / 美麗(미려) / 秀麗(수려)

確乎不拔(확호불발) 매우 든든하여 흔들리지 아니함.
換骨奪胎(환골탈태) 딴 사람이 된 듯이 용모가 환하게 트이고 아름다와짐.
患難相救(환난상구) 근심과 재앙을 서로 구하여 줌.
荒唐無稽(황당무계) 말이 근거가 없고 허황함.

火爐	불 화 화로 로	、 ´ ⺌ 火　 ´ ⺌ 灯 炉 炉 爐 爐 爐	화로: 숯불을 담아 놓은 그릇.	火急(화급) 燈火(등화) 爐邊(노변) 香爐(향로)
禾利	벼 화 이로울 리	ノ 二 千 矛 禾　 ノ 二 千 矛 禾 利 利	화리: 매매 대상으로 예상되는 벼.	禾苗(화묘) 禾穀(화곡) 利用(이용) 利益(이익)
和睦	화할 화 화목할 목	ノ 二 千 矛 禾 和 和　丨 冂 日 目 盯 盱 睦 睦	화목: 서로 뜻이 맞고 정다움.	和暢(화창) 和解(화해) 睦族(목족) 親睦(친목)
禍厄	재앙 화 재앙 액	、 ラ ネ ネl ネl' 禍 禍 禍　一 厂 厄 厄	화액: 재앙과 곤란을 이르는 말.	禍根(화근) 厄運(액운) 厄年(액년) 橫厄(횡액)
貨幣	재물 화 화폐 폐	ノ イ イ 化 化 仵 貨 貨　 ⺌ ヰ 甫 散 敝 敝 幣 幣	화폐: 금속이나 종이로 만든 돈.	外貨(외화) 財貨(재화) 幣帛(폐백) 造幣(조폐)
擴充	늘릴 확 채울 충	扌 扩 扩 护 擴 擴 擴　 ㆍ 亠 士 去 尣 充	확충: 넓혀서 충실하게 함.	擴大(확대) 充滿(충만) 充實(충실) 充當(충당)
歡迎	기쁠 환 맞을 영	⺌ 艹 苜 藿 歡 歡　 ´ 匚 印 印 迎 迎	환영: 기쁜 마음으로 사람을 맞음.	歡談(환담) 歡送(환송) 迎入(영입) 迎接(영접)

상형문자  牛 소 우　소의 머리 부분을 본떠서 만든 상형문자이다. 한 쌍의 굵고 굽어 있는 뿔이 특징적으로 나타난다.

教育部選定漢字 145

한자	필순			단어	뜻
換錢 (바꿀 환/돈 전)	換 錢	換 錢		환전 : 종류가 다른 화폐로 바꾸는 일.	換氣(환기) 換算(환산) 銅錢(동전) 金錢(금전)
荒涼 (거칠 황/서늘 량)	荒 涼	荒 涼		황량 : 황폐하여 쓸쓸함.	荒唐(황당) 荒蕪(황무) 涼天(양천) 淸涼(청량)
皇帝 (임금 황/임금 제)	皇 帝	皇 帝		황제 : 제국에 있어 군주의 존칭.	皇室(황실) 帝國(제국) 帝位(제위) 帝王(제왕)
黃昏 (누를 황/저물 혼)	黃 昏	黃 昏		황혼 : 해가 지고 어둑어둑한 때.	黃金(황금) 黃土(황토) 昏迷(혼미) 昏絶(혼절)
悔悟 (뉘우칠 회/깨달을 오)	悔 悟	悔 悟		회오 : 잘못을 깨닫고 후회함.	悔改(회개) 後悔(후회) 悟性(오성) 大悟(대오)
曉霜 (새벽 효/서리 상)	曉 霜	曉 霜		효상 : 새벽에 내리는 서리.	曉霧(효무) 曉星(효성) 霜菊(상국) 霜露(상로)

橫說竪說(횡설수설) 조리가 없는 말로 함부로 지껄임. (동) 橫竪說去(횡수설거). 橫竪說話(횡수설화).

興盡悲來(흥진비래) 즐거운 일이 다하면 슬픈 일이 옴. 곧 세상 일이 돌고 돌아 순환됨을 이르는 말. (반) 苦盡甘來(고진감래)

146 教育部選定漢字

				一厂厂厂戶厚厚厚　彳彳彳徍徍徳徳徳	후덕 : 덕행이 두터움. 또는 그 덕행.
厚德	두터울 후 큰 덕	厚 德	厚 德		厚朴(후박) 厚謝(후사) 德談(덕담) 德分(덕분)
				ノイイイア伊侯侯　　爫爫爫䚒䚒爵爵爵	후작 : 봉건 시대의 오등작 중 둘째 작위.
侯爵	제후 후 벼슬 작	侯 爵	侯 爵		封侯(봉후) 列侯(열후) 爵祿(작록) 爵品(작품)
				´´´白皀皀皇毁毁　一ナ扌扌扩捐捐損	훼손 : 영화 따위의 상영이 끝남.
毁損	헐 훼 덜 손	毁 損	毁 損		毁謗(훼방) 毁節(훼절) 損害(손해) 損失(손실)
				一ナ扌扌扩扌揎揮揮　亠亠亠古古高高毫毫	휘호 : 붓을 휘둘러 글을 씀.
揮毫	휘두를 휘 터럭 호	揮 毫	揮 毫		揮毫(휘호) 揮發(휘발) 毫端(호단) 毫末(호말)
				ノイイ仁什休休　　´´自自自息息	휴식 : 잠깐 쉬는 시간.
休息	쉴 휴 쉴 식	休 息	休 息		休暇(휴가) 休務(휴무) 棲息(서식) 子息(자식)
				ノ月月月肑肑胸胸　丨冂冂門門周圍圍	흉위 : 주로 사람의 젖가슴 둘레.
胸圍	가슴 흉 둘레 위	胸 圍	胸 圍		胸部(흉부) 胸中(흉중) 範圍(범위) 包圍(포위)
				´冂冃冃冃闬闬舆興興　丶亠亡	흥망 : 흥망과 멸망. 흥망성쇠의 준말.
興亡	흥할 흥 망할 망	興 亡	興 亡		興奮(흥분) 興趣(흥취) 亡命(망명) 亡魂(망혼)

상형문자 舞 춤출 무　𣥺 𣥻 𣥼

처음에 '춤추다' 라는 뜻은 원래 '無' 자로 썼는데, 한 사람이 양 팔을 벌리고 손에 소꼬리를 들고 춤추는 모습을 본뜬 것이다. 후에 이 글자가 '없다' 라는 뜻이 되면서 두다리 모양을 더하여 '舞' 자를 따로 만들었다.

					희롱 : 말과 행동으로 놀려 먹는 일.	
戱弄	희롱할 희 / 희롱할 롱	戲弄	戲弄		`丶广广庐虍虘戲戲戲  一二千王玉弄弄`	戲曲(희곡) 遊戲(유희) 弄奸(농간) 愚弄(우롱)
					희망 : 소망을 기대하여 바람.	
希望	바랄 희 / 바랄 망	希望	希望		`ノメニチ产产希希  丶亠亡亡们向望望望`	希求(희구) 希願(희원) 所望(소망) 失望(실망)
					희석 : 다른 용액을 첨가하여 묽게 함.	
稀釋	드물 희 / 풀 석	稀釋	稀釋		`ニチ禾禾秆秆秄稀稀  丶丷半米釆釈釋釋釋`	稀世(희세) 稀微(희미) 釋放(석방) 註釋(주석)
					희열 : 기쁨과 즐거움. 희락.	
喜悅	기쁠 희 / 기쁠 열	喜悅	喜悅		`一十士吉吉吉直喜  丨忄忄忄忄忄忄悅`	喜悲(희비) 喜怒(희로) 悅樂(열락) 法悅(법열)

教育部選定漢字音別索引

가
佳 ……… 9
假 ……… 9
價 ……… 10
加 ……… 10
家 ……… 10
可 ……… 9
歌 ……… 9
街 ……… 9
暇 ……… 137
架 ……… 9

각
各 ……… 10
角 ……… 39
脚 ……… 10
却 ……… 45
刻 ……… 10
覺 ……… 76
閣 ……… 40

간
干 ……… 36
看 ……… 11
間 ……… 104
刊 ……… 68
姦 ……… 11
幹 ……… 117
懇 ……… 11
簡 ……… 10
肝 ……… 11

갈
渴 ……… 20

감
減 ……… 65
感 ……… 11
敢 ……… 33

甘 ……… 12
監 ……… 11
鑑 ……… 30

갑
甲 ……… 12

강
江 ……… 12
強 ……… 12
降 ……… 12
講 ……… 12
剛 ……… 32
康 ……… 14
綱 ……… 12
鋼 ……… 123

개
個 ……… 13
改 ……… 13
皆 ……… 13
開 ……… 13
介 ……… 46
慨 ……… 13
概 ……… 41
蓋 ……… 58

객
客 ……… 21

거
去 ……… 67
巨 ……… 14
居 ……… 14
車 ……… 87
擧 ……… 139
拒 ……… 14
據 ……… 109
距 ……… 13

건
乾 ……… 14
建 ……… 14
件 ……… 79
健 ……… 14

걸
傑 ……… 141
乞 ……… 58

검
儉 ……… 15
劍 ……… 125
檢 ……… 14

격
激 ……… 15
擊 ……… 22
格 ……… 16
隔 ……… 140

견
犬 ……… 15
牽 ……… 16
堅 ……… 15
見 ……… 15
遣 ……… 132
肩 ……… 15
絹 ……… 16

결
決 ……… 16
潔 ……… 16
結 ……… 16
缺 ……… 16

겸
兼 ……… 16
謙 ……… 17

경
京 ……… 17
庚 ……… 18
景 ……… 9
慶 ……… 18
敬 ……… 18
競 ……… 18
經 ……… 17
耕 ……… 39
輕 ……… 18
驚 ……… 52
傾 ……… 17
卿 ……… 27
境 ……… 18
徑 ……… 53
硬 ……… 18
竟 ……… 136
更 ……… 56
警 ……… 17
鏡 ……… 132
頃 ……… 17

계
溪 ……… 19
季 ……… 20
界 ……… 69
癸 ……… 20
計 ……… 20
鷄 ……… 19
係 ……… 24
啓 ……… 19
契 ……… 19
階 ……… 40
戒 ……… 17
桂 ……… 20
械 ……… 19
系 ……… 20
繼 ……… 20
繫 ……… 19

고
古 ……… 21
告 ……… 57
固 ……… 100
故 ……… 22
苦 ……… 21
考 ……… 62
高 ……… 21
姑 ……… 21
孤 ……… 21
庫 ……… 121
枯 ……… 20
稿 ……… 34
顧 ……… 21
鼓 ……… 22

곡
曲 ……… 29
穀 ……… 81
谷 ……… 19
哭 ……… 100

곤
困 ……… 135
坤 ……… 22

골
骨 ……… 22

공
公 ……… 23
共 ……… 23
功 ……… 99
工 ……… 23
空 ……… 23
供 ……… 22
孔 ……… 23
恭 ……… 23
恐 ……… 22

音別索引 149

攻	22	橋	26	窮	29	今	32	緊	36
貢	24	巧	26	**권**		禁	33	**길**	
과		郊	32	勸	30	金	32	吉	36
果	102	矯	26	卷	68	琴	138	**나**	
過	17	較	62	權	30	禽	33	那	36
科	79	**구**		券	117	錦	33	**낙**	
課	24	久	96	拳	30	**급**		諾	139
寡	24	九	27	**궐**		及	132	**난**	
誇	24	口	27	厥	30	急	33	暖	37
곽		句	51	**궤**		給	22	難	37
郭	98	救	28	軌	30	級	76	**남**	
관		求	34	**귀**		**긍**		南	37
官	25	究	85	歸	91	肯	33	男	37
觀	54	舊	27	貴	31	**기**		**납**	
關	24	丘	27	鬼	105	其	35	納	53
冠	25	俱	28	龜	30	基	35	**낭**	
寬	25	具	135	**규**		己	36	娘	38
慣	24	區	27			幾	35	**내**	
管	25	懼	22	叫	109	技	34	乃	38
貫	24	拘	27	規	31	旣	35	內	38
館	83	構	28	糾	31	期	35	奈	38
광		狗	138	**균**		氣	141	耐	102
狂	187	苟	28	均	31	記	34	**녀**	
光	10	球	28	菌	65	起	98	女	84
廣	25	驅	28	**극**		企	36	**년**	
鑛	130	**국**		極	31	奇	87	年	46
괘		國	28	克	31	器	19	**념**	
掛	25	局	140	劇	121	寄	34	念	34
괴		菊	126	**근**		忌	35	**녕**	
塊	99	**군**		勤	13	旗	53	寧	80
壞	62	君	37	根	32	棄	134	**노**	
怪	26	軍	29	近	32	機	19		
愧	121	郡	29	僅	32	欺	64		
교		群	29	斤	32	祈	34		
交	26	**굴**		謹	32	畿	17		
敎	26	屈	29	**금**		紀	34		
校	26	**궁**				豈	33		
		弓	29			飢	34		
		宮	30			騎	34		

怒	61	踏	41	獨	21	樂	89	力	38
努	38	**당**		讀	71	落	129	歷	84
奴	38	堂	12	毒	43	絡	85	曆	122
농		當	129	督	11	**란**		**련**	
農	39	唐	36	篤	43	卵	19	連	85
뇌		糖	41	**돈**		亂	141	練	86
惱	21	黨	81	敦	43	欄	36	憐	86
腦	39	**대**		豚	81	蘭	46	戀	86
능		代	42	**돌**		**람**		蓮	86
能	9	大	41	突	127	濫	37	聯	70
니		對	42	**동**		覽	87	鍊	85
泥	27	待	23	冬	136	**랑**		**렬**	
다		帶	90	動	118	浪	54	列	87
多	40	隊	133	同	44	郎	37	烈	47
단		臺	50	洞	44	廊	64	劣	63
丹	41	貸	41	東	88	**래**		裂	16
但	41	**덕**		童	79	來	120	**렴**	
單	10	德	146	凍	38	**랭**		廉	87
短	105	**도**		銅	44	冷	38	**렵**	
端	123	刀	119	**두**		**략**		獵	87
團	40	到	115	斗	61	掠	81	**령**	
壇	111	圖	42	豆	44	略	128	令	117
斷	109	島	29	頭	44	**량**		領	12
旦	94	度	41	**둔**		兩	82	嶺	88
檀	103	徒	42	鈍	92	凉	145	零	88
段	40	道	30	屯	44	良	81	靈	46
달		都	43	**득**		量	32	**례**	
達	108	倒	80	得	75	梁	26	例	24
담		導	26	**등**		糧	81	禮	100
談	71	挑	43	燈	85	諒	82	隷	89
淡	79	渡	59	登	44	**려**		**로**	
擔	59	陶	43	騰	80	旅	82	勞	39
답		桃	42	等	89	勵	15	老	39
答	51	逃	43	**라**		廬	50	路	9
沓	108	途	54	羅	36	麗	143	露	107
		盜	109					爐	144
		稻	45						
		塗	42						
		跳	42						
		독		**락**		**력**		**록**	

綠 …… 39	律 …… 31	慢 …… 89	名 …… 48	無 …… 50
祿 …… 24	栗 …… 71	漫 …… 45	命 …… 48	茂 …… 50
錄 …… 34	**륭**	**말**	明 …… 125	舞 …… 50
鹿 …… 39	隆 …… 98	末 …… 45	鳴 …… 48	貿 …… 51
론	**릉**	**망**	冥 …… 48	霧 …… 50
論 …… 84	陵 …… 27	亡 …… 146	銘 …… 62	**묵**
롱	**리**	忙 …… 61	**모**	墨 …… 51
弄 …… 147	利 …… 144	忘 …… 45	暮 …… 49	默 …… 128
뢰	理 …… 112	望 …… 147	母 …… 59	**문**
賴 …… 77	里 …… 44	妄 …… 46	毛 …… 49	問 …… 51
雷 …… 40	吏 …… 130	茫 …… 46	募 …… 49	文 …… 51
료	履 …… 122	罔 …… 46	慕 …… 86	聞 …… 70
料 …… 62	李 …… 42	**매**	某 …… 49	門 …… 108
僚 …… 44	梨 …… 101	妹 …… 103	模 …… 48	**물**
了 …… 90	裏 …… 39	每 …… 46	侮 …… 49	勿 …… 52
룡	離 …… 13	買 …… 46	冒 …… 49	物 …… 136
龍 …… 91	**린**	賣 …… 46	謀 …… 42	**미**
루	隣 …… 102	埋 …… 47	貌 …… 48	味 …… 66
屢 …… 40	**림**	媒 …… 46	**목**	尾 …… 82
淚 …… 125	林 …… 96	梅 …… 46	木 …… 77	未 …… 52
漏 …… 40	臨 …… 106	**맥**	目 …… 50	米 …… 52
樓 …… 40	**립**	麥 …… 86	牧 …… 50	美 …… 52
累 …… 19	立 …… 56	脈 …… 48	睦 …… 144	微 …… 52
류	**마**	**맹**	**몰**	迷 …… 52
流 …… 112	馬 …… 15	孟 …… 23	沒 …… 138	眉 …… 52
柳 …… 82	磨 …… 85	猛 …… 47	**몽**	**민**
留 …… 124	麻 …… 66	盟 …… 47	夢 …… 104	民 …… 29
類 …… 67	**막**	盲 …… 47	蒙 …… 19	憫 …… 86
륙	莫 …… 107	**면**	**묘**	敏 …… 88
六 …… 98	幕 …… 38	免 …… 47	卯 …… 99	**밀**
陸 …… 98	漠 …… 64	勉 …… 48	妙 …… 26	密 …… 36
륜	**만**	眠 …… 72	墓 …… 61	蜜 …… 53
倫 …… 102	滿 …… 45	面 …… 27	廟 …… 114	**박**
輪 …… 98	晚 …… 45	綿 …… 47	苗 …… 50	博 …… 138
률	萬 …… 45	**멸**	**무**	拍 …… 53
		滅 …… 70	務 …… 67	泊 …… 74
		명	戊 …… 51	朴 …… 119
			武 …… 51	

반		번		보		북		빙	
薄	10	伯	55	寶	128	賦	137		
迫	125			普	57	赴	60	氷	64
반		**번**		補	57			聘	124
半	53	番	55	譜	20	**북**		**사**	
反	54	煩	63	**복**		北	61	事	18
飯	54	繁	55	伏	58	**분**		仕	58
叛	53	飜	55	覆	58	分	27	使	82
班	53	**벌**		服	31	墳	61	史	84
返	53	伐	56	福	139	奔	61	四	64
盤	94	罰	140	卜	58	奮	100	士	105
伴	72	**범**		腹	134	憤	61	寺	65
般	111	凡	56	複	58	粉	52	射	65
발		犯	23	**본**		紛	61	巳	110
發	74	範	72	本	124	**불**		師	81
拔	68	**법**		**봉**		不	59	思	65
髮	44	法	116	奉	58	佛	62	死	64
방		**벽**		逢	59	拂	9	私	23
防	111	壁	105	封	58	**붕**		絲	47
放	54	碧	56	峯	78	朋	62	舍	64
房	37	**변**		蜂	53	崩	62	謝	11
方	54	變	56	鳳	58	**비**		似	124
訪	78	邊	36	**부**		備	62	司	65
傍	54	辨	56	否	60	悲	63	寫	58
倣	48	辯	93	夫	59	比	62	捨	64
妨	54	**별**		婦	59	非	63	沙	64
邦	47	別	56	富	60	飛	142	邪	64
芳	54	**병**		扶	60	鼻	27	斜	17
배		丙	57	浮	60	卑	63	斯	84
杯	66	兵	34	部	59	妃	90	查	73
拜	91	病	57	父	59	婢	38	社	121
倍	78	屛	129	付	41	批	63	祀	139
培	106	竝	56	副	60	肥	62	蛇	43
排	55	**보**		府	110	碑	62	詐	64
背	94	保	57	附	123	秘	31	詞	25
輩	42	報	57	不	59	費	70	賜	136
配	55	步	17	符	60	**빈**		辭	120
백				簿	105	貧	63	**삭**	
白	16			復	61	賓	31	削	65
百	72			腐	118	頻	63	朔	45
				負	59			**산**	
								山	64

音別索引

散	50
産	106
算	20

살
殺	65

삼
三	66

상
上	66
傷	64
商	66
喪	113
尙	75
常	53
想	48
相	106
賞	44
霜	145
像	92
償	56
嘗	66
床	50
桑	66
狀	101
詳	66
裳	143
祥	66
象	126

쌍
雙	78

색
索	14
塞	29
色	42

생
生	88

서
序	119
逝	67
誓	67
暑	137
書	67
西	67
庶	67
徐	68
恕	25
敍	67
署	59
緖	110

석
夕	68
席	68
惜	80
昔	32
石	68
析	139
釋	147

선
仙	58
先	126
善	13
選	68
線	95
船	37
鮮	113
宣	68
旋	68
禪	114

설
設	9
說	138
雪	141
舌	74

섭
攝	69
涉	26

성
城	21
姓	69
性	13
成	28
星	69
盛	50
省	69
聖	69
聲	40
誠	110

세
世	69
勢	90
洗	70
歲	96
稅	113
細	66

소
小	126
少	32
消	70
所	70
笑	52
素	15
召	72
掃	123
昭	71
燒	70
蔬	122
蘇	70
疏	71
訴	70
騷	70

속
俗	71
速	138
續	20
屬	89
束	40
粟	71

손
孫	117
損	146

솔
率	132

송
松	72
送	73
訟	70
誦	71
頌	129

쇄
刷	72
鎖	58

쇠
衰	72

수
修	73
受	73
壽	52
守	132
授	73
愁	92
手	74
收	74
數	72
樹	20
水	143
秀	116
誰	73
雖	73
須	136
首	136
囚	114
帥	105
垂	72
搜	73
隨	72
殊	132
獸	33

遂	52
睡	72
輸	73
需	73

숙
叔	74
宿	74
淑	110
孰	
熟	113
肅	83

순
純	75
順	96
巡	74
循	75
旬	66
殉	75
脣	74
瞬	74

술
戌	103
述	67
術	34

숭
崇	75

습
拾	75
習	86
濕	75
襲	41

승
乘	133
勝	92
承	76
僧	84
昇	76

시

市 …… 77	審 …… 78	哀 …… 80	言 …… 12	閱 …… 87
始 …… 76	尋 …… 78	愛 …… 80	焉 …… 82	熱 …… 87
施 …… 76	**십**	涯 …… 122	**엄**	**염**
是 …… 84	十 …… 78	**액**	嚴 …… 83	炎 …… 95
時 …… 76	**아**	厄 …… 144	**업**	染 …… 89
示 …… 107	兒 …… 79	額 …… 14	業 …… 60	鹽 …… 110
視 …… 76	我 …… 135	**야**	**여**	**엽**
試 …… 77	亞 …… 79	也 …… 101	余 …… 84	葉 …… 45
詩 …… 137	芽 …… 110	夜 …… 115	如 …… 84	**영**
侍 …… 76	牙 …… 128	野 …… 81	汝 …… 84	榮 …… 88
矢 …… 29	雅 …… 79	耶 …… 97	與 …… 117	永 …… 88
씨	餓 …… 34	**약**	餘 …… 60	英 …… 88
氏 …… 69	**악**	弱 …… 12	予 …… 84	迎 …… 114
식	惡 …… 95	若 …… 45	興 …… 84	影 …… 88
式 …… 115	岳 …… 79	藥 …… 81	**역**	泳 …… 109
植 …… 77	**안**	躍 …… 42	亦 …… 84	映 …… 114
識 …… 81	安 …… 80	約 …… 67	易 …… 51	營 …… 44
食 …… 99	案 …… 79	**양**	逆 …… 14	詠 …… 100
息 …… 146	眼 …… 79	揚 …… 83	域 …… 25	**예**
飾 …… 106	顔 …… 91	洋 …… 67	役 …… 120	藝 …… 43
신	岸 …… 86	陽 …… 99	疫 …… 85	譽 …… 48
信 …… 77	雁 …… 143	羊 …… 82	譯 …… 55	豫 …… 97
新 …… 72	**알**	讓 …… 101	驛 …… 85	銳 …… 88
神 …… 78	謁 …… 80	養 …… 81	**연**	**오**
申 …… 77	**암**	壤 …… 131	然 …… 46	五 …… 89
臣 …… 64	巖 …… 26	楊 …… 82	煙 …… 33	午 …… 51
身 …… 73	暗 …… 80	樣 …… 48	研 …… 85	吾 …… 89
辛 …… 77	**압**	**어**	宴 …… 133	悟 …… 145
伸 …… 78	押 …… 120	漁 …… 83	延 …… 117	烏 …… 90
愼 …… 32	壓 …… 80	於 …… 82	沿 …… 86	誤 …… 120
晨 …… 69	**앙**	語 …… 82	演 …… 87	傲 …… 89
실	仰 …… 80	魚 …… 83	燕 …… 86	鳴 …… 48
失 …… 61	央 …… 116	御 …… 82	燃 …… 85	娛 …… 89
室 …… 91	殃 …… 106	**억**	緣 …… 86	汚 …… 89
實 …… 15	**애**	億 …… 83	軟 …… 18	**옥**
심		憶 …… 126	鉛 …… 121	屋 …… 90
深 …… 78		抑 …… 83	**열**	玉 …… 115
心 …… 113		**언**	悅 …… 147	獄 …… 132
甚 …… 92				

音別索引

온		우		位	96	恩	99	益	74
溫	90	于	91	偉	95	銀	99	翼	92
		又	93	危	96	隱	99		

옹		友	62	威	96	을		인	
擁	134	右	114	爲	104	乙	99	人	102
翁	39	宇	93	僞	95			仁	102
		尤	92	圍	146	음		印	102

와		憂	92	委	95	吟	100	因	102
瓦	90	牛	92	慰	95	陰	99	寅	57
臥	127	遇	18	胃	95	音	70	引	97
		雨	12	違	94	飮	99	忍	102
완		偶	92	緯	95	淫	11	認	76
完	90	優	92	衛	76			姻	103
緩	68	郵	93	謂	93	읍			
		愚	92			泣	100	일	
왈		羽	92	유		邑	43	一	97
曰	142			唯	97			日	131
		운		幼	97	응		逸	124
왕		云	93	油	115	應	71		
往	101	運	66	猶	97	凝	100	임	
王	90	雲	49	有	97			壬	103
		韻	93	柔	96	의		任	60
외				遊	74	依	101	賃	103
外	90	웅		遺	97	意	100		
畏	18	雄	93	由	86	矣	84	입	
				酉	77	義	100	入	10
요		원		乳	44	衣	33		
要	73	元	94	儒	96	議	78	자	
搖	91	原	94	幽	98	醫	100	姉	103
腰	90	園	106	悠	96	儀	100	子	38
遙	91	圓	94	惟	65	宜	108	字	108
謠	9	怨	94	裕	60	疑	140	慈	102
		遠	94	維	96			自	104
욕		願	118	誘	97	이		者	30
浴	91	員	95			二	112	刺	91
欲	91	援	94	육		以	102	姿	104
慾	24	源	32	肉	22	已	101	恣	104
辱	49	院	100	育	26	異	101	玆	103
						移	101	紫	103
용		월		윤		而	101	資	95
勇	51	月	98	潤	98	耳	92		
容	95	越	130	閏	98	夷	103	작	
用	37							作	104
庸	56	위		은		익		昨	104

爵 ……… 146	裁 ……… 125	切 ……… 11	堤 ……… 111	坐 ……… 114
酌 ……… 122	載 ……… 108	竊 ……… 109	提 ……… 112	左 ……… 114
잔	**쟁**	折 ……… 109	濟 ……… 28	佐 ……… 57
殘 ……… 72	爭 ……… 18	**점**	際 ……… 120	座 ……… 30
잠	**저**	店 ……… 54	齊 ……… 112	**죄**
潛 ……… 104	低 ……… 21	占 ……… 109	**조**	罪 ……… 114
暫 ……… 104	著 ……… 140	漸 ……… 109	兆 ……… 83	**주**
잡	貯 ……… 107	點 ……… 47	助 ……… 94	主 ……… 116
雜 ……… 105	底 ……… 123	**접**	早 ……… 113	住 ……… 14
장	抵 ……… 107	接 ……… 102	朝 ……… 113	宙 ……… 93
場 ……… 44	**적**	蝶 ……… 109	造 ……… 115	注 ……… 115
壯 ……… 105	敵 ……… 108	**정**	祖 ……… 130	晝 ……… 115
將 ……… 105	適 ……… 108	丁 ……… 110	調 ……… 113	奏 ……… 87
章 ……… 15	的 ……… 50	井 ……… 110	鳥 ……… 90	珠 ……… 115
長 ……… 105	赤 ……… 108	停 ……… 111	弔 ……… 113	鑄 ……… 115
丈 ……… 79	寂 ……… 107	定 ……… 33	操 ……… 113	朱 ……… 102
奬 ……… 30	摘 ……… 107	庭 ……… 26	潮 ……… 112	走 ……… 43
帳 ……… 105	滴 ……… 107	情 ……… 110	條 ……… 112	酒 ……… 116
張 ……… 24	積 ……… 15	淨 ……… 111	燥 ……… 14	周 ……… 115
障 ……… 57	籍 ……… 60	政 ……… 110	照 ……… 42	州 ……… 116
掌 ……… 53	績 ……… 128	正 ……… 111	租 ……… 113	洲 ……… 79
牆 ……… 105	賊 ……… 131	精 ……… 110	組 ……… 39	柱 ……… 118
臟 ……… 89	跡 ……… 97	貞 ……… 110	**족**	株 ……… 115
莊 ……… 106	**전**	靜 ……… 119	族 ……… 128	舟 ……… 133
葬 ……… 75	傳 ……… 108	頂 ……… 110	足 ……… 74	**죽**
藏 ……… 47	全 ……… 108	亭 ……… 86	**존**	竹 ……… 72
粧 ……… 41	典 ……… 62	征 ……… 94	存 ……… 35	**준**
裝 ……… 106	前 ……… 85	廷 ……… 30	尊 ……… 37	俊 ……… 116
腸 ……… 11	展 ……… 118	整 ……… 113	**졸**	準 ……… 35
재	戰 ……… 43	程 ……… 23	卒 ……… 29	遵 ……… 116
再 ……… 106	殿 ……… 22	**제**	拙 ……… 114	**중**
哉 ……… 129	田 ……… 108	帝 ……… 145	**종**	中 ……… 116
在 ……… 107	錢 ……… 145	弟 ……… 141	從 ……… 21	衆 ……… 123
才 ……… 88	電 ……… 40	除 ……… 112	宗 ……… 114	重 ……… 18
材 ……… 68	專 ……… 108	祭 ……… 111	種 ……… 12	仲 ……… 55
栽 ……… 106	轉 ……… 88	第 ……… 112	終 ……… 114	**즉**
財 ……… 106	**절**	製 ……… 112	鐘 ……… 25	卽 ……… 116
宰 ……… 106	節 ……… 76	諸 ……… 111	縱 ……… 114	**증**
災 ……… 106	絶 ……… 109	題 ……… 24	**좌**	
		制 ……… 16		

音別索引 157

增 …… 33	質 …… 119	創 …… 121	**첩**	**추**
曾 …… 117	姪 …… 74	暢 …… 122	妾 …… 122	推 …… 126
證 …… 117	秩 …… 119	蒼 …… 121	**청**	追 …… 126
憎 …… 80	疾 …… 85	**채**	淸 …… 123	秋 …… 126
蒸 …… 137	**집**	採 …… 56	晴 …… 124	抽 …… 126
症 …… 75	執 …… 119	菜 …… 122	聽 …… 123	醜 …… 52
贈 …… 117	集 …… 49	債 …… 58	請 …… 77	**축**
지	**징**	彩 …… 40	靑 …… 56	丑 …… 20
之 …… 91	徵 …… 120	**책**	廳 …… 25	祝 …… 126
只 …… 41	懲 …… 120	責 …… 47	**체**	蓄 …… 107
地 …… 98	**차**	册 …… 122	體 …… 28	逐 …… 28
指 …… 117	且 …… 28	策 …… 76	替 …… 42	畜 …… 50
持 …… 118	借 …… 103	**처**	遞 …… 93	築 …… 14
志 …… 118	茶 …… 39	妻 …… 114	滯 …… 124	縮 …… 78
支 …… 118	車 …… 87	處 …… 49	逮 …… 124	**춘**
枝 …… 117	次 …… 40	**척**	**초**	春 …… 127
止 …… 111	此 …… 120	尺 …… 51	初 …… 76	**출**
知 …… 82	差 …… 120	斥 …… 55	招 …… 124	出 …… 65
紙 …… 56	**착**	拓 …… 13	草 …… 54	**충**
至 …… 38	着 …… 59	戚 …… 103	抄 …… 124	充 …… 144
池 …… 138	捉 …… 120	**천**	肖 …… 124	忠 …… 127
智 …… 118	錯 …… 120	千 …… 35	秒 …… 125	蟲 …… 97
遲 …… 117	**찬**	天 …… 122	超 …… 124	衝 …… 127
誌 …… 20	讚 …… 120	川 …… 136	**촉**	**취**
직	贊 …… 140	淺 …… 122	促 …… 125	取 …… 69
直 …… 65	**찰**	泉 …… 90	燭 …… 125	吹 …… 22
織 …… 16	察 …… 69	遷 …… 133	觸 …… 107	就 …… 127
職 …… 16	**참**	薦 …… 126	**촌**	臭 …… 112
진	參 …… 118	賤 …… 122	寸 …… 133	趣 …… 127
進 …… 118	慘 …… 121	踐 …… 122	村 …… 134	醉 …… 127
盡 …… 130	慙 …… 121	**철**	**총**	**측**
眞 …… 75	**창**	鐵 …… 123	總 …… 125	側 …… 82
辰 …… 18	唱 …… 112	哲 …… 140	聰 …… 125	測 …… 46
振 …… 119	昌 …… 55	徹 …… 123	銃 …… 125	**층**
陣 …… 108	窓 …… 121	**첨**	**최**	層 …… 78
陳 …… 118	倉 …… 121	尖 …… 123	最 …… 126	**치**
珍 …… 119		添 …… 123	催 …… 116	
震 …… 118				
鎭 …… 119				
질				

158 音別索引

치		탄		특		폐		하	
治	128	彈	130	投	132	廢	134	下	136
致	93	誕	69	透	129	弊	139	何	38
齒	128	歎	13	鬪	30	蔽	99	夏	136
値	10	炭	130			肺	134	河	136
恥	87			**특**				賀	126
置	96	**탈**		特	132	**포**		荷	136
		脫	71			布	68		
칙		奪	81	**파**		抱	134	**학**	
則	94			波	132	暴	104	學	48
		탐		破	132	包	135	鶴	136
친		探	130	播	133	捕	124		
親	128	貪	130	派	132	浦	134	**한**	
				罷	133	飽	134	寒	137
칠		**탑**		把	132	胞	134	恨	94
七	128	塔	65	頗	134			漢	137
漆	128					**폭**		限	35
		탕		**판**		幅	119	閑	137
침		湯	116	判	63	爆	135	韓	37
針	125			板	128			汗	137
侵	128	**태**		版	112	**표**		旱	137
寢	127	太	130	販	77	表	120		
沈	128	泰	131			漂	60	**할**	
浸	129	怠	131	**팔**		票	60	割	137
枕	129	態	104	八	133				
		殆	96			**품**		**함**	
칭				**패**		品	66	含	135
稱	129	**택**		敗	88			咸	138
		宅	107	貝	83	**풍**		陷	138
쾌		擇	131			豊	135		
快	129	澤	98	**편**		風	119	**합**	
				便	133			合	31
타		**토**		偏	134	**피**			
他	35	土	131	片	133	彼	135	**항**	
打	130	吐	131	篇	98	皮	82	恒	138
墮	129	討	131	遍	57	避	35	巷	138
妥	129			編	133	疲	135	港	23
		통				被	135	項	10
탁		通	141	**평**				抗	54
托	101	統	132	平	131	**필**		航	104
濁	143	痛	63	評	142	匹	55		
濯	70					必	136	**해**	
卓	130	**퇴**		**폐**		筆	49	亥	36
		退	109	閉	134	畢	136	害	54
탄				幣	144			海	138
		투				**하**			

音別索引

해		혈		혼		회		흑	
解	139	血	131	混	143	況	93	黑	80
奚	138	穴	142	昏	145	荒	145		
該	138			魂	142				

핵		혐		홀		회		흡	
核	63	嫌	140	忽	131	回	68	吸	142
						會	134		
행		협		홍		悔	145	흥	
幸	139	協	140	紅	143	懷	122	興	146
行	104	脅	96	弘	143				
				洪	143	획		희	
향		형		鴻	143	劃	36	喜	147
向	127	兄	141			獲	83	希	147
鄕	22	衡	31	화				戱	147
香	127	刑	140	化	111	횡		稀	147
享	139	形	140	和	144	橫	114		
響	88	亨	141	火	144				
		螢	141	花	101	효			
허				華	143	孝	127		
虛	17	혜		畵	45	效	116		
許	139	惠	142	話	78	曉	145		
		兮	142	貨	144				
헌		慧	118	禍	144	후			
憲	28			禾	144	厚	146		
獻	24	호				後	102		
軒	139	乎	142	확		侯	146		
		呼	142	擴	144	候	130		
험		好	142	確	111				
險	49	湖	12	穫	135	훈			
驗	77	戶	121			訓	10		
		虎	142	환					
혁		號	55	患	57	훼			
革	139	互	142	歡	144	毀	146		
		浩	141	丸	130				
현		毫	146	換	145	휘			
現	28	胡	141	環	75	揮	146		
賢	140	護	11	還	71	輝	124		
見	80	豪	141						
懸	140			활		휴			
玄	98	혹		活	61	休	146		
絃	25	或	142			携	112		
縣	116	惑	52	황					
顯	140			皇	145	흉			
		혼		黃	145	凶	36		
혈		婚	16			胸	146		

특히 주의해야 할 획순

◆ 漢字를 쓸때에는 반드시 왼쪽에서 오른쪽 그리고 위에서 아래로 먼저 쓰며 대개 가로를 먼저쓰고, 세로를 나중에 쓴다.

九	力	乃	及	火
氷	上	左	右	女
心	必	方	房	州
田	里	馬	無	長
哀	兒	出	來	民
比	非	近	起	臣
青	門	狀	飛	書